Cet atlas correspond au **COURS MOYEN** (de 9 à 11 ans)

UN DIPLÔME D'HONNEUR — DEUX MÉDAILLES DE BRONZE — UNE MENTION HONORABLE

LA PREMIÈRE ANNÉE DE GÉOGRAPHIE

(CARTES EN REGARD DES LEÇONS)

Ouvrage contenant 30 cartes, — 24 figures, — 28 pages de leçons placées *en regard* des cartes, 1700 questions de certificat d'études formant 146 devoirs écrits, placés également en regard des cartes.

À L'USAGE

des Candidats au Certificat d'études primaires

ET DES CLASSES ÉLÉMENTAIRES DES LYCÉES ET COLLÈGES

PAR P. FONCIN

AGRÉGÉ D'HISTOIRE, DOCTEUR ÈS LETTRES
DIRECTEUR HONORAIRE DE L'ENSEIGNEMENT SECONDAIRE AU MINISTÈRE DE L'INSTRUCTION PUBLIQUE
INSPECTEUR GÉNÉRAL DE L'ENSEIGNEMENT SECONDAIRE
SECRÉTAIRE GÉNÉRAL DE *L'Alliance française* POUR LA PROPAGATION DE LA LANGUE FRANÇAISE À L'ÉTRANGER

« Si nous voulons, nous, Français, conserver une place dans « le monde, il faut, par un vigoureux effort, voyager, coloniser, « répandre partout notre langue, apprendre les langues étrangères, nous renseigner sur les productions de chaque pays. »

NOUVELLE ÉDITION (75e)

conforme au Programme de 1882

Changements introduits :

	Pages		Pages		Pages
Montagnes en **bistre**	»	France, **Relief du sol** (leçon)	6	France, **Défense militaire** (leçon et carte)	
Disposition nouvelle des noms des cartes	»	— **canaux** (leçon et carte)	22	**Alsace-Lorraine** et défense de la **frontière nord-est** (leçon et carte)	
Trois cartes **muettes** coloriées (progr. de 1882)	5, 33 et 48	— **économique** (leçon et carte)	24		
		Algérie, Tunisie et colonies (leçon et cartes)	26		

Le Cours de Géographie de M. P. Foncin est inscrit sur la liste des ouvrages fournis gratuitement par la ville de Paris à ses Écoles communales

CET OUVRAGE EST COMPLÉTÉ PAR :

1° **86** fascicules départementaux (cartes, gravures et notices), de MM. J. VERNE et TH. LAVALLÉE; 10 centimes;

2° Une série de **29** cartes muettes (28 centimètres sur 38), chaque carte 0,05 cent. (voir la liste en regard de la page 1);

3° Une Partie du maître, nouvelle édition;

4° La Deuxième année de Géographie (France). 3 fr. 90;

5° La Troisième année de Géographie (les Cinq parties du monde). *vient de paraître.* 6 fr. 50;

6° L'Atlas de **Cartes murales** (1 mètre sur 1m,20), de M. VIDAL-LABLACHE, *parlantes* au recto, *muettes* au verso, avec Notices. Chaque carte à double face. 6 fr. 50.

IL EST PRÉCÉDÉ :

d'une année Préparatoire de Géographie (cours élémentaire, de 7 à 9 ans). 75 centimes.

PARIS, LIBRAIRIE CLASSIQUE ARMAND COLIN ET Cie

1, 3, 5, RUE DE MÉZIÈRES (À CÔTÉ DE LA MAIRIE SAINT-SULPICE)

1885

AVIS DES ÉDITEURS POUR CETTE NOUVELLE ÉDITION

Ce ne sont pas, comme on pourrait le croire, les exigences des programmes de 1882 qui nous ont imposé une refonte complète de la *Première année de Géographie*. Non; grâce à des retouches partielles et successives l'ancienne édition y donne déjà maintenant pleine et entière satisfaction.

En demandant à l'auteur de le revoir à fond, nous avons voulu conserver à l'ouvrage le rang qu'il avait pris dès son apparition. Nous le devions à nous-mêmes, nous le devions à notre fidèle et bienveillante clientèle : noblesse oblige.

Ce n'est pas cependant sans hésitation, il faut bien l'avouer, que nous avons tenté l'entreprise. N'allions-nous pas, en modifiant la pagination et, çà et là, l'ordre des matières, jeter quelque perturbation dans les nombreuses Écoles qui se servent de la *Première Année*, et qui en possèdent encore un nombre important d'exemplaires?

La difficulté a été tranchée bien simplement : *nous continuerons à réimprimer et à mettre en vente* **l'ancienne édition de la Première Année.**

Cette précaution prise, M. Foncin et ses éditeurs étaient libres d'apporter à l'ouvrage des améliorations pédagogiques ou matérielles.

Toutes les cartes ont été refaites et rendues plus claires par de meilleures dispositions. L'impression en noir de la montagne, qui obscurcit la lecture des noms, a disparu ; dans cette nouvelle édition, la montagne est imprimée en un *bistre* léger, qui laisse les noms parfaitement lisibles. — La *mise en regard* des leçons et des cartes, qui contribue si puissamment au succès de la publication, souffrait, dans l'ancienne édition, quelques exceptions (canaux, colonies, etc.): nous l'avons rétablie dans toute son intégralité. — L'importance croissante de l'*Algérie* et notre expansion coloniale réclamaient quelques cartes nouvelles : nous les avons données. — En géographie comme en toute autre science, la leçon n'est profitable que si elle impose un effort : nous avons ajouté des *cartes muettes* pour exercices de recherches.

Mais l'étude de la géographie ne serait qu'un stérile exercice de mémoire si elle n'était complétée par la connaissance de la situation *économique* des différents pays. Aussi M. Foncin a-t-il insisté sur ce point, notamment pour la France. Mais il ne lui a pas semblé suffisant de faire connaître les chemins de fer, les canaux, les colonies, etc., il a expliqué l'utilité des voies de communication, la nécessité des colonies et des rapports internationaux, en un mot, l'auteur a donné de l'intérêt aux nomenclatures en y ajoutant des *notions générales*.

Est-ce à dire que le niveau du livre a été élevé? Non. Le livre est resté le même : simple, élémentaire, accessible à la moyenne des intelligences ; il est seulement devenu plus lisible, plus méthodique, plus intéressant, plus *actuel*.

Pour obtenir ce résultat nous avons dû l'augmenter de **6 cartes** et de **8 pages**. Ces additions ont entraîné une légère augmentation de prix (**1 fr. 50 au lieu de 1 fr. 30**). Les 20 centimes d'écart ne représentent certainement pas la somme d'améliorations introduites. Nous espérons que les Maîtres voudront bien le reconnaître et qu'ils n'hésiteront pas à demander à leurs élèves ce minime surcroît de dépenses.

LES ÉDITEURS.

L'apparition de la nouvelle édition de la *Première Année* coïncide avec celle de la *Troisième Année*. Le cours entier en reçoit par suite, une plus grande unité.

Pour éviter les erreurs, on voudra bien libeller les commandes comme suit :

FONCIN, *Première année de Géographie*, **ancienne édition à 1 fr. 30.**

FONCIN, *Première année de Géographie*, **nouvelle édition à 1 fr. 50.**

LISTE DES CARTES MUETTES

de M. FONCIN.

(2 cartes à la feuille, chaque feuille : 5 centimes.) : **1.** Planisphère. — **2.** France physique élémentaire. — **19.** France physique complète. — **20.** France politique élémentaire. — **3.** France politique complète. — **4.** France par provinces. — **5.** France. Chemins de fer. — **21.** France. Canaux. — **22.** France économique. — **6.** Bassin de la Seine. — **7.** Bassins de la Moselle, de la Meuse et de l'Escaut. — **8.** Bassin de la Loire. — **9.** Bassin de la Garonne. — **10.** Bassin du Rhône. — **17.** Algérie. — **18.** Colonies françaises. — **11.** Europe physique. — **12.** Europe politique. — **23.** Iles Britanniques, Danemark, Suède et Norvège, Belgique, Hollande. — **24.** Empire d'Allemagne, Portugal, Espagne, Suisse, Italie. — **25.** Autriche-Hongrie, Grèce, Empire ottoman, Roumanie, Serbie, Monténégro. — **26.** Russie d'Europe et Empire russe. — **13.** Asie. — **14.** Afrique. — **15.** Continent américain. — **27.** Amérique du Nord. — **28.** Amérique du Sud. — **29.** Océanie. — **16.** Palestine.

LISTE DES CARTES MURALES

de M. VIDAL-LABLACHE.

Petite collection. — Nº **2.** France, contours et cours d'eau. — Nº **5.** France, villes. — Nº **13.** Europe politique. — Nº **22.** Planisphère.

Moyenne collection. — Les 4 cartes précédentes, et : Nº **3.** France, relief du sol. — Nº **4.** France, départements. — Nº **8.** France, agriculture. — France, industrie. — Nº **12.** Europe physique.

Collection complète. — Les 8 cartes précédentes, et : Nº **1.** Termes de géographie. — Nº **6.** France, canaux. — Nº **7.** France, chemins de fer. — Nº **9.** France, provinces. — Nº **10.** France, frontière Nord-Est. — Nº **11.** Algérie, Tunisie. — Nº **14.** Asie physique. — Nº **15.** Asie politique. — Nº **16.** Afrique physique. — Nº **17.** Afrique politique. — Nº **18.** Continent américain. — Nº **19.** Amérique du Nord politique. — Nº **20.** Amérique du Sud politique. — Nº **21.** Océanie.

Chaque carte [double face], *parlante* au recto, *muette* au verso, 6 fr. 50.

LEXIQUE

Aigues-Mortes, chef-lieu de canton (Gard), autrefois port de mer où saint Louis s'embarqua pour sa première croisade (1248).

Altitude *d'un lieu*, hauteur de ce lieu au-dessus du niveau de la mer.

Amboise, chef-lieu de canton (Indre-et-Loire). — En 1560 les Huguenots y formèrent un complot contre François II, Catherine de Médicis et les Guises. Ce complot est connu dans l'histoire sous le nom de *Conjuration d'Amboise*.

Apanage, province du domaine royal que les rois donnaient à leurs enfants, et qui devait revenir à la couronne après l'extinction des descendants mâles.

Appeler, recourir à un tribunal supérieur qui décide si une cause a été bien ou mal jugée.

Application (école d'), école établie à Fontainebleau pour former des officiers de l'artillerie et du génie.

Aqueduc (latin *aqua*, eau, et *ducere*, conduire), construction généralement sur arches, destinée à faire passer l'eau d'un canal ou d'une rivière au-dessus d'une vallée.

Arsenal, magasin d'armes et de munitions de guerre.

Artillerie, partie du matériel de guerre qui comprend les canons et leurs projectiles. — On donne aussi ce nom aux troupes chargées de la manœuvre des canons.

Attila, roi des Huns qui envahit la Gaule vers 450 après J.-C. et fut vaincu par le général romain Aétius, près de Châlons-sur-Marne.

Auray, chef-lieu de canton (Morbihan), du Guesclin y fut fait prisonnier, en 1364, par Jean de Montfort.

Autonome (province), qui se gouverne elle-même, sans être pourtant indépendante.

Aviso, petit navire de guerre, à vapeur, chargé de porter les ordres aux autres vaisseaux.

Balnéaire, qui a rapport aux bains. — On donne le nom de *stations balnéaires* aux plages fréquentées par les baigneurs pendant la belle saison.

Banc de Terre-Neuve, plateau sous-marin situé à l'est de l'île de Terre-Neuve.

Bassin houiller, région où l'on trouve beaucoup de houille.

Bière, boisson fabriquée avec de l'orge, du houblon et de l'eau.

Bossuet, évêque de Meaux, né à Dijon en 1627, mort en 1704. Écrivain célèbre et grand orateur, il fut précepteur du Dauphin, fils de Louis XIV.

Bourse, pension donnée *gratuitement* à un élève dans un lycée, un collège, une école du gouvernement durant le cours des études qu'il doit y faire.

Câble sous-marin, ligne télégraphique plongée au fond de la mer. Les fils de métal sont entourés de caoutchouc qui les isole de l'eau, et protégés en outre par une forte enveloppe.

Cacao, fruit du *cacaoyer*; sorte d'amande qui, rôtie et broyée, sert à fabriquer le chocolat. — Le *cacao* nous vient principalement des Antilles, du Pérou, du Brésil, etc.

Café, graine d'un arbuste appelé *caféier* ; elle est renfermée dans un fruit gros comme une petite cerise.

Calcaire (région), région dont le sol est constitué par du carbonate de chaux : craie, pierre à bâtir, marbre, etc.

Camp retranché, espace de terrain entouré de forts.

Canne à sucre, sorte de roseau des pays chauds, haut de 3 à 4 mètres, dont le jus sert à fabriquer du sucre de canne. — La canne à sucre pousse au Brésil, aux Antilles (Martinique, Guadeloupe), à la Réunion, etc.

Canonnière, petit bâtiment armé d'un ou de plusieurs canons.

Carnac, village du département du Morbihan aux environs duquel on voit un nombre considérable de pierres placées en quinconce dans une vaste lande et que l'on croit être des monuments celtiques.

Cataracte, chute des eaux d'une grande rivière lorsqu'elles se précipitent d'un lieu très élevé. La cataracte la plus célèbre est celle du Niagara dans l'Amérique du Nord.

Cathédrale, église remarquable par ses proportions et par son architecture. Une cathédrale est ordinairement l'église principale d'un évêché.

Cenis (mont), montagne des Alpes, entre la France et l'Italie, 3 500 mètres de hauteur. On a creusé près de cette montagne, sous le col de Fréjus, un tunnel de 12 200 mètres de longueur. Ce tunnel gigantesque, commencé en 1857, a été achevé en 1870.

Centrale (école), école supérieure de Paris où l'on prépare des ingénieurs pour l'industrie privée.

Céréales, plantes et graines propres à la fabrication du pain : blé, seigle, orge, etc.

Chalus, chef-lieu de canton (Haute-Vienne). En 1199, Richard Cœur de Lion, roi d'Angleterre, y fut tué en faisant le siège du château.

Chateaubriand, homme d'État et écrivain célèbre, né en 1768, mort en 1848.

Châteauneuf-Randon, chef-lieu de canton (Lozère). Du Guesclin y mourut en 1380.

Cidre, boisson faite avec le jus fermenté des pommes et des poires (poiré).

Civile (affaire), différend entre particuliers, soumis à l'appréciation des tribunaux. Se dit par opposition aux affaires *correctionnelles* ou *criminelles*.

Colbert, ministre de Louis XIV (1619-1683). Il rétablit les finances, fit faire de grands progrès à l'industrie, au commerce, à l'agriculture ; développa notre marine marchande et rendit notre marine militaire la plus redoutable du monde.

Colomb (Christophe), célèbre navigateur génois, né en 1441, mort en 1506. — Étant au service de l'Espagne, il découvrit l'Amérique, à laquelle un autre (Améric Vespuce) usurpa l'honneur de donner son nom.

Colonies, possessions d'une nation européenne dans un pays étranger ou lointain.

Commerce, trafic, échange des marchandises entre les particuliers ou entre les pays.

Compagnie de commerce, association de personnes qui réunissent leurs capitaux pour entreprendre en commun une opération commerciale ou industrielle.

Concilier *une difficulté*, la faire disparaître par des arrangements consentis de part et d'autre.

Condé, célèbre général français né en 1621, mort en 1686. Il s'illustra par les victoires de Rocroi, de Fribourg, de Nordlingen et de Lens.

Corneille, célèbre poète tragique français, né à Rouen en 1606, mort à Paris en 1684. Ses principales tragédies sont le *Cid*, les *Horaces*, *Cinna*, *Polyeucte*.

Correctionnelle (affaire), qui se rapporte à un acte qualifié *délit* par la loi, par opposition aux *crimes*, qui sont des faits très graves, et aux *contraventions*, qui sont de simples infractions.

Coton, sorte de bourre, formée de filaments longs et fins, qui enveloppe les graines du *cotonnier*, et avec laquelle on fabrique les tissus de coton. Le coton vient de l'*Inde*, soit directement, soit par l'Angleterre, de l'*Égypte*, des *États-Unis*, etc. — *Coton brut*, le coton avant toute main-d'œuvre.

Coulmiers, village à 25 kilom. d'Orléans. En 1870, les Français y remportèrent une victoire sur les Allemands.

Cour d'appel, tribunal supérieur au

(Voir la suite du Lexique en regard de la page 48.)

LA PREMIÈRE ANNÉE DE GÉOGRAPHIE

Par P. FONCIN

Directeur honoraire de l'Enseignement secondaire au Ministère de l'Instruction publique, Inspecteur général de l'Enseignement secondaire.

AVIS AUX MAITRES pour cette nouvelle édition. — **L'ancienne pagination** est indiquée en regard des folios nouveaux. — Les **numéros** des paragraphes ont dû être changés. — Les **leçons nouvelles** sont précédées d'un astérisque. — L'ancien numéro des **devoirs** est *entre crochets*, après le numéro nouveau.

NOTIONS PRÉLIMINAIRES

(Pour l'étude de la *Commune* et du *Département*, voir la *Partie du Maître* ainsi que les fascicules de chaque département par MM. J. Verne et Th. Lavallée).

1. La Terre. — La **Géographie** est la description de la surface de la Terre.

2. La **Terre** est *ronde* comme une boule. C'est un vaste globe qui roule dans l'espace.

La Terre tourne sur elle-même en un *jour* de vingt-quatre heures, et elle tourne autour du soleil en une *année* de 365 jours 1/4.

3. La **Lune** tourne autour de la Terre en 27 jours 8 heures.

4. La **Terre** a 40 000 kilomètres (10 000 lieues) de tour: elle est **49 fois** plus *grosse* que la Lune, et **1 million 300 mille** fois plus *petite* que le soleil.

5. La surface de la Terre se partage en **terres** et en **eaux**.

6. Les terres n'occupent qu'**un quart** de la surface de la Terre; les eaux, qui forment la **mer** ou l'**océan**, occupent les **trois autres quarts**.

7. Ainsi, la surface occupée par la *mer* est **trois fois plus grande** que la surface occupée par les *terres*.

8. Globes et Cartes. — Pour étudier la surface de la Terre, on se sert de **cartes** et de **globes**.

9. Une **carte** est une feuille de papier sur laquelle on représente soit toute la Terre, soit seulement quelque partie de la Terre.

10. On entend par **globe** ou **sphère** (fig. 1) une boule qui représente en petit ce que la Terre est en grand.

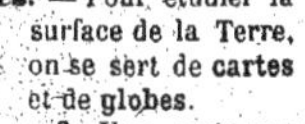

Fig. 1. — Globe ou sphère.

11. On appelle **hémisphère** la moitié de la sphère terrestre.

12. Une carte qui représente la Terre en deux hémisphères s'appelle **mappemonde** (voir à la page 2).

13. Points cardinaux. — Le côté du ciel où le soleil **se lève**, le matin, se nomme **est**, *orient* ou *levant*.

14. Le côté du ciel où le soleil **se couche**, le soir, se nomme **ouest**, *occident* ou *couchant*.

15. Lorsqu'on a l'est à sa droite et l'ouest à sa gauche (fig. 2), le côté du ciel qu'on a devant soi se nomme **nord** ou *septentrion*; le côté du ciel qu'on a derrière soi se nomme **sud** ou *midi*. — Dans nos pays, le soleil ne se montre jamais du côté du Nord; mais il se trouve au sud au milieu du jour.

Fig. 2. — Manière de s'orienter.

Ainsi l'*ouest* est le point opposé à l'*est*, et le *sud* est le point opposé au *nord*.

16. L'est et l'ouest, le nord et le sud sont appelés les **quatre points cardinaux**.

17. Chercher de quel côté est l'**orient**, ou plutôt de quel côté sont les *quatre points cardinaux*, cela s'appelle *s'orienter*.

18. Lorsque la nuit est claire, on peut *s'orienter* en cherchant dans le ciel l'**étoile polaire**, qui indique la direction du *nord*.

19. Les marins, pour se diriger en mer, se servent d'une **boussole**; c'est un cadran au centre duquel est placée une aiguille *aimantée* et mobile, dont l'une des pointes se dirige constamment vers le *nord*.

20. Indépendamment des quatre points cardinaux, on distingue quatre autres points, appelés **points collatéraux**, et situés entre les quatre points cardinaux; ce sont (fig. 3): le **nord-est**, entre le nord et l'est; — le **nord-ouest**, entre le nord et l'ouest; — le **sud-est**, entre le sud et l'est; — le **sud-ouest**, entre le sud et l'ouest.

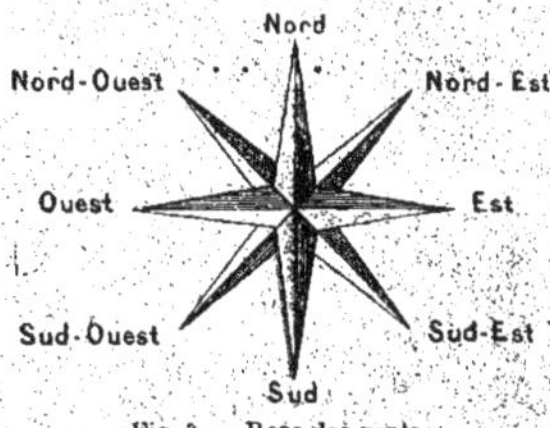

Fig. 3. — Rose des vents.

21. Sur les cartes, le *nord* est en haut; le *sud*, en bas; l'*est*, à droite; l'*ouest*, à gauche.

22. Les cinq parties du monde. — On appelle **continent** une immense étendue de terre environnée par la mer.

23. Il y a deux grands continents: **l'ancien continent** et le **nouveau continent** (suivre sur la *mappemonde*, page 2).

24. L'ancien continent ou Ancien Monde, se divise en trois parties, qui sont: l'**Europe**, l'**Asie** et l'**Afrique**.

L'ancien continent est ainsi nommé parce qu'il a été connu le premier.

25. Le nouveau continent ou Nouveau Monde, ne comprend que l'**Amérique**; mais on y distingue l'**Amérique du Nord** et l'**Amérique du Sud**.

Le nouveau continent est ainsi appelé, parce qu'il n'a été découvert qu'en 1492 par Christophe Colomb.

Questions de Certificat d'études

NOTIONS PRÉLIMINAIRES

Devoir 1. — **1.** Qu'est-ce que le *levant*? — **2.** Le *couchant*? — **3.** Quelle est la *forme* de la terre? — **4.** Autour de quel *astre* la terre tourne-t-elle et en combien de jours? — **5.** Quel est l'*astre* qui tourne autour de la terre? — **6.** Quelles sont les différences de grosseur entre la terre, le soleil et la lune? — **7.** Quelle est la longueur du *tour* ou *circonférence* de la terre? — **8.** Qu'est-ce qu'un *globe* ou *sphère*? — **9.** Qu'appelle-t-on *hémisphère*?

Devoir 2. — **1.** Quels sont les quatre points *cardinaux*? — **2.** les quatre points *collatéraux*. — **3.** De quel côté de l'horizon est tournée la façade de l'école? — **4.** de l'hôpital? — **5.** de la mairie? — **6.** Lorsqu'on se place de façon à mettre l'est à sa droite, où se trouvent les trois autres points cardinaux? — **7.** De quel côté du ciel se trouve l'*étoile polaire*? — **8.** Orientez-vous en regardant l'étoile polaire. — **9.** Orientez-vous en regardant le soleil couchant. — **10.** Qu'est ce que la boussole?

Devoir 3. — **1.** Sur les cartes comment place-t-on les quatre points cardinaux? — **2.** Qu'est-ce qu'une *carte*? — **3.** Qu'appelle-t-on *mappemonde*? — **4.** Qu'est-ce que la *géographie*? — **5.** Comment la surface de la terre se partage-t-elle? — **6.** Quelle est la surface occupée par les terres? — **7.** par les eaux? — **8.** Comparez les deux surfaces. — **9.** De quel côté de l'horizon est tournée la façade de votre maison? — **10.** *Dessinez* une rose des vents. — **11.** Quel est le point cardinal opposé au *nord*? — **12.** à l'*est*? — **13.** au *sud*? — **14.** à l'*ouest*?

LES CINQ PARTIES DU MONDE

* **Devoir 4.** — **Exercice cartographique** (programme de 1882). — Dessinez une mappemonde au tableau noir.

Devoir 5 [4]. — **1.** Quelles sont les cinq *parties du monde*? — **2.** Comment est placée l'*Asie* par rapport à l'Europe? — **3.** l'*Europe* par rapport à l'Afrique?

26. L'Océanie, qui forme une cinquième partie du monde, se compose d'une terre principale, l'*Australie*, et de nombreuses îles disséminées dans l'*Océan*.

L'Australie est assez vaste pour qu'on l'appelle quelquefois le *continent australien*.

27. L'Europe, l'Asie, l'Afrique, l'Amérique et l'Océanie sont appelées les **cinq parties du monde**.

28. Les cinq Océans. — La vaste étendue d'eau salée qui entoure de toutes parts les continents s'appelle la **mer** ou l'**océan**.

29. Les grandes divisions de l'océan sont :

L'océan **Atlantique**, entre l'Europe et l'Afrique, d'une part ; l'Amérique, de l'autre ;

L'océan **Pacifique** ou **Grand Océan**, entre l'Asie et l'Amérique ;

L'océan **Indien**, entre l'Afrique, l'Asie et l'Australie ;

L'océan *Glacial arctique* ou *du nord*, au nord de l'Europe, de l'Asie et de l'Amérique ;

L'océan *Glacial antarctique* ou *du sud*, au sud de l'Afrique, de l'Australie et de l'Amérique.

Carte pour les notions préliminaires.

30. On donne le nom de **mers** aux divisions plus petites formées par l'océan le long des continents ou dans leur intérieur. — Telle est la mer *Méditerranée*.

31. Les vingt contrées de l'Europe. — L'Europe, qui est une des cinq parties du monde, se partage en *vingt contrées* (voir la carte d'Europe).

32. Les contrées du nord de l'Europe sont : les **Iles Britanniques**, qui comprennent la *Grande-Bretagne* (Angleterre et Écosse) et l'*Irlande* ; la capitale des Iles Britanniques est **Londres** ; — le *Danemark*, capitale *Copenhague* ; — la *Suède*, capitale *Stockholm* ; — la *Norvège*, capitale *Christiania*.

33. A l'est est la **Russie**, capitale **Saint-Pétersbourg**.

34. Les contrées du centre sont : la **FRANCE**, capitale **PARIS** ; — la *Belgique*, capitale *Bruxelles* ; — la *Hollande*, capitale *Amsterdam* ; — l'**Allemagne** (**Prusse** et autres États), capitale **Berlin** ; — l'**Autriche-Hongrie**, capitale **Vienne** ; — la *Suisse*, capitale *Berne*.

Pôle Nord

MAPPEMONDE
en
DEUX HÉMISPHÈRES

Pôle Sud

— **4**. l'*Europe* par rapport à l'Asie ? — **5**. l'*Afrique* par rapport à l'Asie ? — **6**. l'*Australie* par rapport à l'Asie ? — **7**. Qu'est-ce qu'un *continent* ? — **8**. Quels sont les continents ? — **9**. Pourquoi l'*ancien continent* est-il appelé ainsi ? — **10**. le *nouveau continent* ?

Devoir 6 [5]. — **1**. Dans quel continent se trouvent : l'Asie ? — **2**. l'Amérique du Nord ? — **3**. l'Europe ? — **4**. l'Afrique ? — **5**. l'Amérique du Sud ? — **6**. la France ? — **7**. Quelles sont les parties du monde renfermées dans l'*ancien continent* ? — **8**. Quelle est la partie du monde qui porte le nom de *nouveau continent* ? — **9**. Pourquoi l'*Océanie* est-elle appelée ainsi ? — **10**. Quelle est la terre principale de l'Océanie ? — **11**. Pourquoi l'*Amérique du Nord* est-elle appelée ainsi ? — **12**. l'*Amérique du Sud* ?

LES CINQ OCÉANS.

Devoir 7 [6]. — **1**. Qu'appelle-t-on *mer* ou *océan* ?

NOTA. Le chiffre entre crochets indique le numéro qu'avait le devoir dans l'ancienne édition.

— **2**. Quel espace la mer occupe-t-elle sur la terre ? — **3**. Quelles sont les parties du monde qui sont baignées par l'océan *Atlantique* ? — **4**. par l'océan *Pacifique* ? — **5**. par l'océan *Indien* ? — **6**. par l'océan glacial *Arctique* ? — **7**. par l'océan glacial *Antarctique* ? — **8**. Quel est le plus grand des cinq océans ? — **9**. Quel est le deuxième grand océan ? — **10**. Qu'appelle-t-on plus particulièrement *mer* ? — **11**. Citez une mer comprise entre l'Europe et l'Afrique.

Devoir 8 [7]. — **Exercice cartographique** (progr. de 1882). — « Ecrivez » une Mappemonde muette.

LES VINGT CONTRÉES DE L'EUROPE.

Devoir 9 [8]. — **1**. En combien de contrées partage-t-on l'Europe ? — **2**. Dans quelle partie de l'Europe se trouvent : l'Italie ? — **3**. la France ? — **4**. les Iles Britanniques ? — **5**. l'Espagne ? — **6**. la Turquie ? — **7**. Quelle est la capitale de la France ? — **8**. des Iles Britanniques ? — **9**. de l'Espagne ? — **10**. de l'Allemagne ? — **11**. de la Russie ? — **12**. Citez une *contrée* au nord-est de l'Espagne. — **13**. à l'est de la France. — **14**. à l'est de l'Allemagne. — **15**. au sud de la Turquie.

Devoir 10 [9]. — **1**. De quelles contrées les villes suivantes sont-elles les *capitales* : Saint-Pétersbourg ? — **2**. Paris ? — **3**. Vienne ? — **4**. Londres ? — **5**. Rome ? — **6**. Madrid ? — **7**. Quelle est la capitale de la Grèce ? — **8**. du Portugal ? — **9**. de la Suisse ? — **10**. de la Hollande ? — **11**. de la Suède ? — **12**. de la Norvège ? — **13**. Quelles sont les *contrées de l'Europe* baignées par l'océan Atlantique ? — **14**. par la mer Méditerranée ? — **15**. par la mer du Nord ? — **16**. par la mer Noire ?

Devoir 11 [10]. — **1**. Quelles sont les *contrées* (avec leurs *capitales*) du centre de l'Europe ? — **2**. de l'est de l'Europe ? — **3**. du sud de l'Europe ? — **4**. du nord de l'Europe ? — **5**. Citez un *petit pays* situé entre la France, l'Allemagne, l'Autriche et l'Italie. — **6**. Citez un *grand pays* qui occupe la partie orientale de l'Europe.

35. Les contrées du midi sont : le *Portugal*, capitale *Lisbonne*; — l'**Espagne**, capitale **Madrid**; — l'**Italie**, capitale **Rome**; — la **Turquie**, capitale **Constantinople**; — la *Roumanie*, capitale *Bukarest*; — la *Serbie*, capitale *Belgrade*; — le *Monténégro*, capitale *Cettigne*; — la *Bulgarie*, capitale *Sophia*; — la *Grèce*, capitale *Athènes*.

TERMES GÉOGRAPHIQUES

36. Termes relatifs aux mers. — On appelle **île** (fig. 4) une terre entourée d'eau de tous côtés. — La *Corse*, la *Sardaigne*, la *Sicile*, dans la mer Méditerranée, sont des *îles*.

37. On appelle **rivage**, **côte** ou **littoral** d'un continent ou d'une île, la partie de ce continent ou de cette île bordée par la mer.

38. Un **archipel** (fig. 4) est un groupe d'îles.

Fig. 4. — Iles et archipel.

39. On appelle **détroit** (fig. 5) un bras de mer resserré entre deux terres, et faisant communiquer deux mers. — Tel est le détroit de

Fig. 5. — Détroit et cap.

Gibraltar, qui est resserré entre l'*Espagne* et l'*Afrique*, et qui fait communiquer l'océan *Atlantique* avec la mer *Méditerranée*.

Un large détroit porte le nom de **canal**. — Tel est le canal *Saint-Georges*, entre l'océan Atlantique et la mer d'Irlande.

40. On appelle **golfe** (fig. 6) une partie de

Fig. 6. — Golfe.

mer qui s'avance dans la terre. — Tel est le golfe de *Gascogne*, qui s'avance entre la France et l'Espagne.

41. Un petit golfe s'appelle **baie** ou **havre**.

42. Une baie que le travail des hommes a rendue propre à recevoir les vaisseaux et à les abriter, prend le nom de **port** (fig. 7).

Fig. 7. — Port.

43. On appelle **cap** (fig. 5) une pointe de terre qui s'avance dans la mer. — Tel est, en Angleterre, le cap *Land's End*, qui s'avance dans l'océan.

44. On appelle **presqu'île** ou **péninsule** (fig. 8) une terre qui est **presque une île**,

Fig. 8. — Presqu'île ou péninsule.

c'est-à-dire qui ne tient au continent que par un côté plus ou moins étroit. — L'*Espagne*, l'*Italie*, la *Suède* et la *Norvège* sont des presqu'îles.

45. On appelle **isthme** (fig. 9) une étroite

Fig. 9. — Isthme.

bande de terre resserrée entre deux mers. Un isthme rattache une presqu'île au continent : ainsi, l'isthme de **Panama**, relie l'Amérique du Nord à l'Amérique du Sud, et l'isthme de **Suez**, relie l'Afrique à l'Asie (voir la *mappemonde*, page 2).

46. Termes relatifs aux terres. — On appelle **monts** ou **montagnes** (fig. 10) de

Fig. 10. — Montagnes et vallée.

grandes masses de terre beaucoup plus élevées que les pays environnants. — On appelle **chaîne de montagnes** une file de montagnes qui se touchent. — Ainsi les *Pyrénées*, entre la France et l'Espagne; les *Alpes*, entre la France et l'Italie, sont des chaînes de montagnes.

47. Une petite montagne s'appelle une **colline**.

48. On appelle **faîte**, **sommet** ou **cime** la partie la plus haute d'une montagne; on appelle **base** ou **pied**, la partie la plus basse.

49. On appelle **pente** ou **flanc** de la montagne la montée inclinée qui va de la base au sommet.

50. Dans une chaîne de montagnes, on appelle **versant** l'ensemble des pentes qui *versent* leurs eaux d'un même côté. — Ainsi, dans les Pyrénées, l'ensemble des pentes qui versent leurs eaux du côté de l'Espagne forme le **versant espagnol**; au contraire, l'ensemble des pentes qui versent leurs eaux du côté de la France, forme le **versant français**.

51. La ligne de partage des eaux est la ligne à droite et à gauche de laquelle coulent les eaux des deux versants d'une chaîne de montagnes.

52. La ligne de faîte est celle qui passe par les sommets les plus élevés d'une chaîne de montagnes. Elle se confond le plus souvent avec la ligne de partage des eaux[1].

53. On appelle **massif** l'ensemble de plusieurs chaînes de montagnes.

54. On appelle **col** un passage entre deux montagnes. — Un col étroit s'appelle *défilé* ou *gorge*.

55. On appelle **volcan** (fig. 11) une montagne qui vomit par une ou plusieurs ouvertures nommées **cratères**, de la vapeur, des flammes, de la cendre et une sorte de roche fondue nommée **lave**. — Le mont **Vésuve**, en Italie, est un volcan.

Fig. 11. — Volcan.

NOTA. — Pour l'intelligence des **Termes géographiques**, voir la magnifique carte murale coloriée (atlas mural Vidal-Lablache). La carte, 6.50

LES TERMES GÉOGRAPHIQUES.

Devoir 12 [12]. — **1.** Qu'est-ce qu'une *île* ? — **2.** un *archipel*? — **3.** un *détroit* ? — **4.** un *golfe* ? — **5.** Quel nom donne-t-on à un petit golfe ? — **6.** Qu'est-ce qu'un *port* ? — **7.** une *presqu'île* ? — **8.** un *cap* ? — **9.** Quel autre nom donne-t-on encore à une presqu'île ? — **10.** Qu'est-ce qu'une *montagne*? — **11.** une *chaîne* de montagnes ? — **12.** une *colline* ? — **13.** Qu'appelle-t-on *faîte*, *sommet* ou *cime* d'une montagne ? — **14.** *base* ou *pied* d'une montagne ? — **15.** *pente* ou *flanc* d'une montagne?

Devoir 13 [15]. — **1.** Qu'est-ce qu'une *ligne de faîte*? — **2.** Avec quelle ligne la ligne de faîte se confond-elle souvent ? — **3.** Qu'est-ce qu'un *isthme*? — **4.** un *col* ou *défilé* ? — **5.** un *volcan*? — **6.** un *cratère*? —

1. Le toit d'une maison peut donner une idée exacte de ce qui précède. Les *pentes* du toit sont les deux versants, et le *faîte* forme la ligne de partage des eaux.

56. On appelle **plaine** (fig. 12) une vaste étendue de terre à peu près plate.

Fig. 12. — Plaine.

57. Lorsque la plaine est élevée, elle prend le nom de **plateau** (fig. 13).

Fig. 13. — Plateau (plaine élevée).

58. Un **désert** est un vaste espace stérile, inhabité, privé d'eau, et brûlé par le soleil, ou glacé.

59. Termes relatifs aux cours d'eau. — On appelle **vallée** (fig. 10) l'ensemble des terrains encaissés entre deux chaînes de montagnes.

Au milieu de la vallée coule généralement un cours d'eau *douce* (non salée), provenant des pluies et de la fonte des neiges ou des glaces.

60. L'eau des pluies, des neiges ou des glaces, en coulant, forme un **ruisseau** ; la réunion de plusieurs ruisseaux forme une **rivière** ; la réunion de plusieurs rivières forme un **fleuve**.

61. On appelle **ruisseau** un petit cours d'eau qui se jette dans une rivière.

62. On appelle **rivière** un cours d'eau qui se jette dans une autre rivière ou dans un fleuve. — Ainsi le *Doubs* (fig. 16) qui se jette dans la Saône est une rivière; et la *Saône*, qui se jette dans le Rhône, est aussi une rivière.

63. On appelle **fleuve** un cours d'eau qui se jette directement dans la mer. — Ainsi le *Rhône* (fig. 16), qui se jette dans la mer Méditerranée, est un fleuve.

64. Quand un fleuve est peu important on lui donne quelquefois le nom de *rivière*. — Tel est le *Var* (fig. 16), petit fleuve qui se jette dans la Méditerranée.

65. On appelle **affluent** d'un fleuve ou d'une rivière tout cours d'eau qui se jette dans ce fleuve ou dans cette rivière. — Ainsi la *Saône* (fig. 16), qui se jette dans le *Rhône*, est un *affluent* du Rhône. De même le *Doubs*, qui se jette dans la *Saône*. est un *affluent* de la Saône.

66. On appelle **confluent** le lieu où deux cours d'eau se réunissent pour n'en former qu'un seul. — *Lyon* (fig. 16) est au *confluent* du *Rhône* et de la *Saône*.

67. On appelle **source** l'endroit où un cours d'eau sort de terre et commence à couler. — Le lieu où le *Rhône* commence à couler, au mont *Saint-Gothard*, est la *source* du Rhône.

68. On appelle **embouchure** (fig. 14) l'endroit où un fleuve se jette dans la mer. — Le lieu où le *Var* (fig. 16) se jette dans la mer *Méditerranée* est l'*embouchure* du Var.

Fig. 14. — Embouchure d'un fleuve.

Une large embouchure se nomme **estuaire**.

69. Certains fleuves ont plusieurs embouchures, qui portent alors le nom de **bouches**. Ainsi on dit les *bouches* du Rhône (fig. 16).

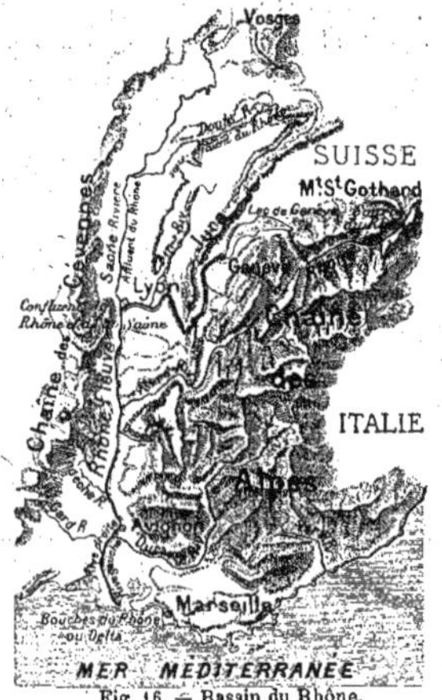

Fig. 16. — Bassin du Rhône.

70. Un cours d'eau descend presque toujours de la *montagne* à la *vallée*, de la vallée à la *plaine*, de la plaine à la *mer*.

71. Quand deux villes sont situées sur le même cours d'eau, celle qui est plus près de la source du cours d'eau et par conséquent plus près des *montagnes*, est en **amont** de l'autre ville.

Ainsi Genève (fig. 16) est en *amont* de Lyon, parce qu'elle est plus près que Lyon du *mont* Saint-Gothard où le Rhône prend sa *source*.

72. Inversement, une ville est en **aval** d'une autre ville, lorsqu'elle est plus près de l'embouchure du cours d'eau, et par conséquent plus **bas** dans la *vallée*.

Ainsi Avignon (fig. 16) est en *aval* de Lyon, parce qu'elle est plus bas dans la *vallée*, plus près des bouches du Rhône que Lyon.

73. On dit qu'un bateau **descend**, quand il avance sur un cours d'eau dans le sens du courant; on dit qu'un bateau **remonte** un cours d'eau, quand il avance contre le courant.

74. On appelle **rive droite** d'un cours d'eau la rive qu'on a à sa droite quand on descend le courant. On appelle **rive gauche** la rive qu'on a à sa gauche.

75. On appelle **bassin** d'un fleuve l'ensemble des terres *hautes* et *basses* arrosées par ce fleuve ou par ses affluents. — La fig. 16 représente le *bassin* du Rhône.

76. La ceinture d'un bassin est l'ensemble des montagnes et des collines, des plateaux et des hautes plaines qui entourent le bassin. — La chaîne des *Cévennes*, les *Vosges*, le *Jura*, les *Alpes* forment la *ceinture* du bassin du *Rhône*[1].

77. On appelle **lac** (fig. 15) une masse d'eau douce entourée de terre de tous côtés. — Tel est le lac de *Genève*, en Suisse.

Fig. 15. — Lac.

Souvent un lac est traversé par un fleuve. — C'est ainsi que le lac de Genève est traversé par le *Rhône*.

78. Un **étang** est un petit lac; une **mare** est un petit étang.

79. On appelle **marais** un terrain fangeux, ou couvert d'une eau dormante peu profonde.

80. Géographie physique, Géographie politique. — On appelle géographie **physique** d'une contrée la description des accidents *naturels* de cette contrée : mers, montagnes, cours d'eau, golfes, caps, etc.

81. On appelle géographie **politique** d'une contrée la description des créations des hommes dans cette contrée: limites, villes, population, divisions administratives, etc.

---

7. Qu'est-ce qu'une *plaine ?* — **8.** Quel nom donne-t-on à une *plaine élevée ?* — **9.** D'où sortent les matières lancées par un volcan? — **10.** Qu'est-ce qu'un *fleuve?* — **11.** une *rivière ?* — **12.** un *ruisseau ?* — **13.** une *vallée ?* — **14** Comment appelle-t-on le lieu où un cours d'eau sort de terre et commence à couler ? — **15.** le lieu où un cours d'eau se jette dans la mer?

Devoir 14 [17]. — **1.** Près de quel mont le Rhône prend-il sa source ? — **2.** Dans quelle mer le Rhône se jette-t-il ? — **3.** Citez les *affluents* de la rive droite du Rhône. — **4.** de la rive gauche. — **5.** Qu'appelle-t-on *rive droite ?* — **6.** *rive gauche ?* — **7.** Qu'est-ce qu'un *affluent?* — **8.** un *confluent ?* — **9.** Citez une ville au *confluent* de la Saône et du Rhône. — **10.** Citez deux villes *en aval* de Genève. — **11.** Citez deux villes *en amont* d'Avignon. — **12.** Qu'appelle-t-on *bassin* d'un fleuve? — **13.** *ceinture* d'un bassin? — **14.** Quelle est la ceinture du bassin du Rhône? — **15.** Qu'est-ce qu'un *lac?* — **16.** Par quel fleuve le lac de Genève est-il traversé? — **17.** Qu'appelle-t-on géographie *physique ?* — **18.** géographie *politique?*

Devoir 15 [18]. — **Exercice cartographique** (Progr. de 1882). — *Dessinez* le bassin du Rhône.

1. Dans nos précédentes éditions, ne voulant pas rompre avec les traditions de l'enseignement primaire, nous avions conservé la théorie des *ceintures* de bassins, abandonnée depuis longtemps par l'enseignement secondaire. Le moment nous paraît venu d'apporter, dans les écoles primaires, la même amélioration. — Il n'est pas exact de dire que l'étendue d'un bassin est *toujours* limitée par une « ceinture » de hautes terres. Ces hauteurs peuvent être latérales, comme pour le bassin de la Garonne, ou situées sur la rive gauche, comme pour le bassin de la Loire, etc. ; mais elles ne forment pas nécessairement une « ceinture. »

CARTE D'EUROPE MUETTE POUR EXERCICES CARTOGRAPHIQUES (PROGRAMME DE 1882).

NOTA. — Nous avons tenu à faire figurer dans cette nouvelle édition 3 cartes muettes : France (page 33), Europe, Planisphère (page 48), pour répondre aux **Exercices cartographiques** prescrits par le programme de 1882. — Les exercices ci-dessous, sur l'Europe muette, ne pourront se faire qu'après l'étude de l'Europe physique et politique. — Les numéros vont de gauche à droite et de haut en bas. — Les fleuves sont numérotés à leur source. Les élèves qui voudront étudier seuls sur cette carte trouveront la solution aux deux cartes d'Europe, pages 35 et 37. — Voir aussi les cartes murales de M. Vidal-Lablache, parlantes au recto, muettes au verso; la carte à double face, 6 fr. 50.

SPÉCIMENS DE QUESTIONS SUR L'EUROPE MUETTE.

* **Devoir 16.** — **1**. Comment se nomme l'*État* 182? — **2**. Nommez, au sud de cet Etat, les *villes* 235, 238, 241. — **3**. Au nord, les *villes* 152, 154. — **4**. A l'est, les *villes* 212 et 214. — **5**. Nommez la *ville* 209. — **6**. Comment se nomme l'*État* 31 ? — **7**. Nommez, dans la partie sud-ouest de cet État, le *pays* 47. — **8**. Au nord, le *pays* 7. — **9**. A l'ouest, l'*île* 28. — **10**. Nommez les *villes* 29 et 44 dans l'île 28. — **11**. Au nord de l'État 31, les *villes* 15 et 16. — **12**. Nommez la *ville* 65.

* **Devoir 17**. — **1**. Comment se nomme l'*océan* 132? — **2**. Nommez les *pays* 1, 31, 135, 182, 180, baignés par cet océan. — **3**. Comment se nomme la *mer* 219 ? — **4**. Les *îles* 191, 222, 263, qu'on rencontre dans cette mer? — **5**. Comment se nomment les *pays* 255, 258, 272 baignés par cette mer? — **6**. Nommez la *presqu'île* 267. — **7**. La *presqu'île* 150. — **8**. Comment se nomme le *détroit* 251 ? — **9**. Comment se nomme le *détroit* 66 ? — **10**. Nommez les *mers* 91 et 35 unies par le détroit 66. — **11**. Les *pays* 52 et 135 séparés par le détroit 66. — **12**. Comment se nomme le *golfe* 155 ? — **13**. Le *golfe* 188.

* **Devoir 18**. — **1**. Comment se nomment les *montagnes* 184 ? — **2**. Nommez les *fleuves* 185 et 153 qui descendent de ces montagnes. — **3**. Nommez les *montagnes* 161. — **4**. Nommez les *fleuves* 144, 162, 145 qui naissent dans ces montagnes. — **5**. Comment se nomment les *montagnes* 196 ? — **6**. Le *pays* 198 traversé par ces montagnes ? — **7**. Nommez le *fleuve* 119. — **8**. Les *villes* 124, 126, 171 arrosées par ce fleuve. — **9**. Nommez le *fleuve* 159. — **10**. Les *villes* 111, 110, 109, arrosées par ce fleuve. — **11**. Comment se nomme l'*océan* 279 ? — **12**. Quels *pays* sont séparés par cet océan ?

Devoir 19 [11]. — **Exercice cartographique** (programme de 1882). — « Écrivez » la carte muette de l'Europe.

FRANCE

* RELIEF DU SOL

Suivre sur la carte.

NOTIONS GÉNÉRALES

82. **La France.** — Notre patrie, à nous **Français**, se nomme la **France**. Elle a pour capitale **Paris**.

83. La France est une des vingt contrées de l'**Europe**.

84. **Dimensions.** — La France mesure environ **242** lieues du nord au sud, et **222** lieues de l'est à l'ouest ; elle est environ **19** fois plus petite que l'Europe.

85. **Superficie.** — Depuis la perte de l'**Alsace-Lorraine**, la superficie de la France n'est plus que de 529 000 kilomètres carrés.

86. **Littoral.** — La France est limitée au nord-ouest par la *Manche* et à l'ouest par l'*océan Atlantique*. — La **Manche** forme deux golfes principaux : le golfe du *Calvados* et le golfe de *Saint-Malo*, séparés par la presqu'île du *Cotentin*. — Les caps de la Manche sont le cap *Gris-Nez*, à l'entrée de la mer du Nord, et le cap de la *Hague*, à l'extrémité du Cotentin. — Dans le golfe de Saint-Malo se trouvent les îles anglaises de *Guernesey* et de *Jersey*.

87. Entre la Manche et l'océan Atlantique se trouve la grande presqu'île de **Bretagne**, terminée par la pointe *Saint-Mathieu*.

88. **L'océan Atlantique** forme, entre la France et l'Espagne, le golfe de **Gascogne**. — Les îles voisines de la côte sont : l'île d'*Ouessant*, non loin de Brest ; — *Groix* et *Belle-Isle*, au sud de Lorient ; — *Noirmoutier* et *Yeu*, au sud de Saint-Nazaire ; — *Ré*, en face de la Rochelle ; — *Oleron*, en face de Rochefort.

89. La France est baignée au sud-est par la mer Méditerranée. — La **Méditerranée** creuse le golfe du *Lion*. — Les îles voisines de la côte sont : les îles d'*Hyères*, près de Toulon, et les îles de *Lérins*, près de Nice.

90. A la France appartient dans la Méditerranée la grande île montagneuse de la **Corse**.

RELIEF DU SOL

91. **Partie basse et partie haute.** — Une ligne droite tirée de Givet à Bayonne partage la France en deux parties : la partie **basse**, au *nord-ouest*, et la partie **haute**, au *sud-est*.

PARTIE BASSE

92. **Plaines.** — La partie basse comprend un grand nombre de **plaines**, dont les principales sont :

1° La riche plaine de la **Flandre** ;

2° La plaine herbagère de la **Normandie** ;

3° Les plaines en partie crayeuses * et stériles * de la **Champagne** ;

4° La plaine de la **Beauce**, riche en céréales * ;

5° La plaine marécageuse de la **Sologne** ;

6° La plaine boisée des **Landes**.

93. **Collines.** — Ces plaines sont séparées les unes des autres par des collines dont la hauteur ne dépasse pas 400 mètres. Les principales sont : les collines de *Normandie* et les collines du *Perche* ; — les monts de *Bretagne* ; — les collines du *Poitou* (200m).

PARTIE HAUTE

94. **Énumération.** — Les parties les plus élevées de la France sont situées *sur ses frontières*. Au *sud* se dressent les massifs des **PYRÉNÉES** ; au *sud-est*, les **ALPES** qui sont plus hautes encore.

Sur la frontière de l'*est* la France est limitée par d'autres montagnes, moins élevées que les Alpes et les Pyrénées : le **Jura** et les **Vosges**.

95. Dans l'*intérieur* les parties les plus hautes sont bien inférieures aux Alpes et aux Pyrénées et correspondent à peu près au Jura et aux Vosges : elles forment le **Massif central**.

96. Le plateau de *Langres*, le plateau de la *Lorraine*, et le plateau des *Ardennes* sont moins élevés que le Massif central.

97. **Pyrénées.** — Le massif des **PYRÉNÉES** (hauteur 3 000m, longueur 110 lieues), s'étend en ligne droite de l'océan Atlantique à la mer Méditerranée, entre Bayonne et Perpignan.

La crête des Pyrénées, toujours couverte de neige, se voit à plus de 20 lieues de distance. — Les pics les plus élevés sont la *Maladetta* (3 400m) et le mont *Perdu* (3 350m). Ces deux pics sont sur le territoire espagnol.

98. **Massif central et Cévennes.** — Le **Massif central** (1 000 mètres d'élévation), et les **Cévennes** (1 200m d'élévation, 110 lieues de longueur), forment un plateau granitique * qui couvre le cinquième de la France. Leur ensemble est séparé : 1° des **Pyrénées**, par la vallée de la *Garonne* et de l'*Aude*, que relie le passage de *Naurouse* ; — 2° des **Alpes**, par la vallée du *Rhône* ; — 3° du **Jura**, par la vallée de la *Saône*.

99. Sur les terrasses du Massif central s'élèvent : 1° les monts du *Forez*, entre l'Allier et la Loire ; — 2° le groupe important des monts d'*Auvergne*, au centre ; — 3° les monts du *Limousin*, à l'ouest.

La partie méridionale du Massif central est bordée de plateaux calcaires * froids et stériles appelés *causses*.

Les sommets les plus élevés des monts d'Auvergne sont : le *Puy de Dôme* (1 460m), le *Puy de Sancy* (1 880m), le *Plomb du Cantal* (1 860m).

100. **Les Cévennes** forment à l'est la bordure du Massif central.

Leur partie septentrionale court entre la Loire et le Rhône, prolongé par la Saône.

On y remarque le mont *Lozère* (1 700m) et le mont *Mézenc* (1 750m).

101. **Montagnes secondaires.** — Au nord des Cévennes se trouvent quelques montagnes secondaires : monts du *Morvan*, — *Côte d'Or*, — plateau de *Langres*, — monts *Faucilles*.

Ces montagnes séparent la Saône de l'Yonne, de la Seine, de la Marne et de la Meuse.

102. Au nord des monts Faucilles, se trouvent le plateau de *Lorraine*, où coule la Moselle, et le plateau des *Ardennes*, où coule la Meuse.

103. **Alpes.** — L'imposant massif des **ALPES FRANÇAISES** (3 000m d'élévation, 100 lieues de longueur en France, 50 lieues de largeur), n'est que la partie *occidentale* d'une importante chaîne qui s'étend jusqu'à *Vienne* (Autriche), en passant par la Suisse et l'Italie (voir le carton page 7). Les Alpes *françaises* sont séparées du *Jura* et des *Cévennes* par la *vallée* du Rhône.

Les Alpes sont les montagnes les plus étendues et les plus élevées de l'Europe ; le sommet le plus élevé est le mont **Blanc** (4 810m).

104. **Jura.** — Les chaînes du **Jura** (1 400m d'élévation, 70 lieues de longueur), sont situées moitié en France, moitié en Suisse. Elles sont séparées : des Cévennes, par la vallée de la *Saône* ; des Alpes, par la vallée du *Rhône* et le lac de Genève.

Le principal sommet du Jura est le crêt de la Neige (1 720m).

105. **Vosges.** — Avant la guerre de 1870, la France possédait presque *toute* la chaîne des **Vosges** (1 000m d'élévation) ; aujourd'hui, elle ne possède plus sur sa frontière que la partie *méridionale*. Les Vosges forment le rebord oriental du plateau de Lorraine.

Entre les Vosges et le Jura se trouve le large passage de la *trouée de Belfort*.

On donne le nom de *ballons* aux sommets arrondis des Vosges. Le plus élevé est celui de *Guebwiller* (1 430m). — La chaîne des Vosges, parallèle au Rhin, a pour pendant, de l'autre côté de ce fleuve, les montagnes de la *Forêt-Noire*.

106. **Plaines et vallées.** — Dans la partie des montagnes se trouvent quelques plaines et quelques vallées. Les principales sont : les hautes plaines de la *Limagne* et du *Forez*, dans le Massif central ; — la magnifique vallée rectiligne de la **Saône** et du **Rhône**, qui aboutit à la plaine du *bas Languedoc*.

Questions de Certificat d'études.

(Voir la carte).

* **Devoir 20.** — **1.** Par quelles mers, contrées ou montagnes la France est-elle bornée au nord ? — **2.** au nord-est ? — **3.** à l'est ? — **4.** au sud-est ? — **5.** au sud-ouest ? — **6.** à l'ouest ? — **7.** au nord-ouest ? — **8.** De quels pays les montagnes qui suivent séparent-elles la France : les Vosges ? — **9.** le Jura ? — **10.** les Alpes ? — **11.** les Pyrénées ?

* **Devoir 21.** — **1.** Citez dans les Pyrénées deux *pics* élevés avec leur altitude. — **2.** De quels pays les mers qui suivent séparent-elles la France : la Méditerranée ? (voir le carton, p. 7). — **3.** L'océan Atlantique ? (id.). — **4.** La Manche et le Pas de Calais ? — **5.** Par quelles mers les *golfes* suivants sont-ils formés : golfe du Calvados ? — **6.** du Lion ? — **7.** de Gascogne ? — **8.** de Saint-Malo ? — **9.** Citez une *plaine* dans le nord de la France. — **10.** dans le nord-ouest. — **11.** au-dessous du coude de la Loire. — **12.** au sud-ouest. — **13.** au sud. — **14.** au nord-est.

* **Devoir 22.** — **1.** Citez un *cap* au nord. — **2.** au nord-ouest. — **3.** à l'ouest. — **4.** Citez trois *sommets* des monts d'Auvergne. — **5.** Deux *sommets* des Cévennes. — **6.** Deux *pics* dans les Alpes. — **7.** Comparez l'*altitude* des sommets des Alpes à celle des pics du Massif central. — **8.** Faites la même comparaison avec les Pyrénées. — **9.** Quel est le *pic* le plus élevé ? — **10.** Citez une *presqu'île* qui s'avance dans la Manche. — **11.** une autre qui s'avance dans l'océan Atlantique.

* **Devoir 23.** — **1.** A quelle chaîne s'adosse à l'est le Massif central ? — **2.** Citez une *vallée* qui longe les Cévennes à l'est. — **3.** Citez deux chaînes de *montagnes* à l'est. — **4.** Citez un *passage* entre les Vosges et le Jura. — **5.** Citez un autre *passage* entre les Cévennes et les Pyrénées. — **6** Citez trois *massifs montagneux* du Massif central. — **7.** Où se trouve en France la partie *basse* ? — **8.** la partie *haute* ? — **9.** Citez quatre groupes de *collines* dans la partie basse. — **10.** Citez une *plaine* entre la Seine et la Loire.

* **Devoir 24.** — **1.** Citez deux *plateaux* au nord-est. — **2.** Par quelle *vallée* les Alpes françaises sont-elles séparées du Jura et des Cévennes ? — **3.** Citez, en allant du sud au nord, les *monts secondaires* qui prolongent les Cévennes. — **4.** Quels *bassins* de fleuves ces montagnes séparent-elles ? — **5.**

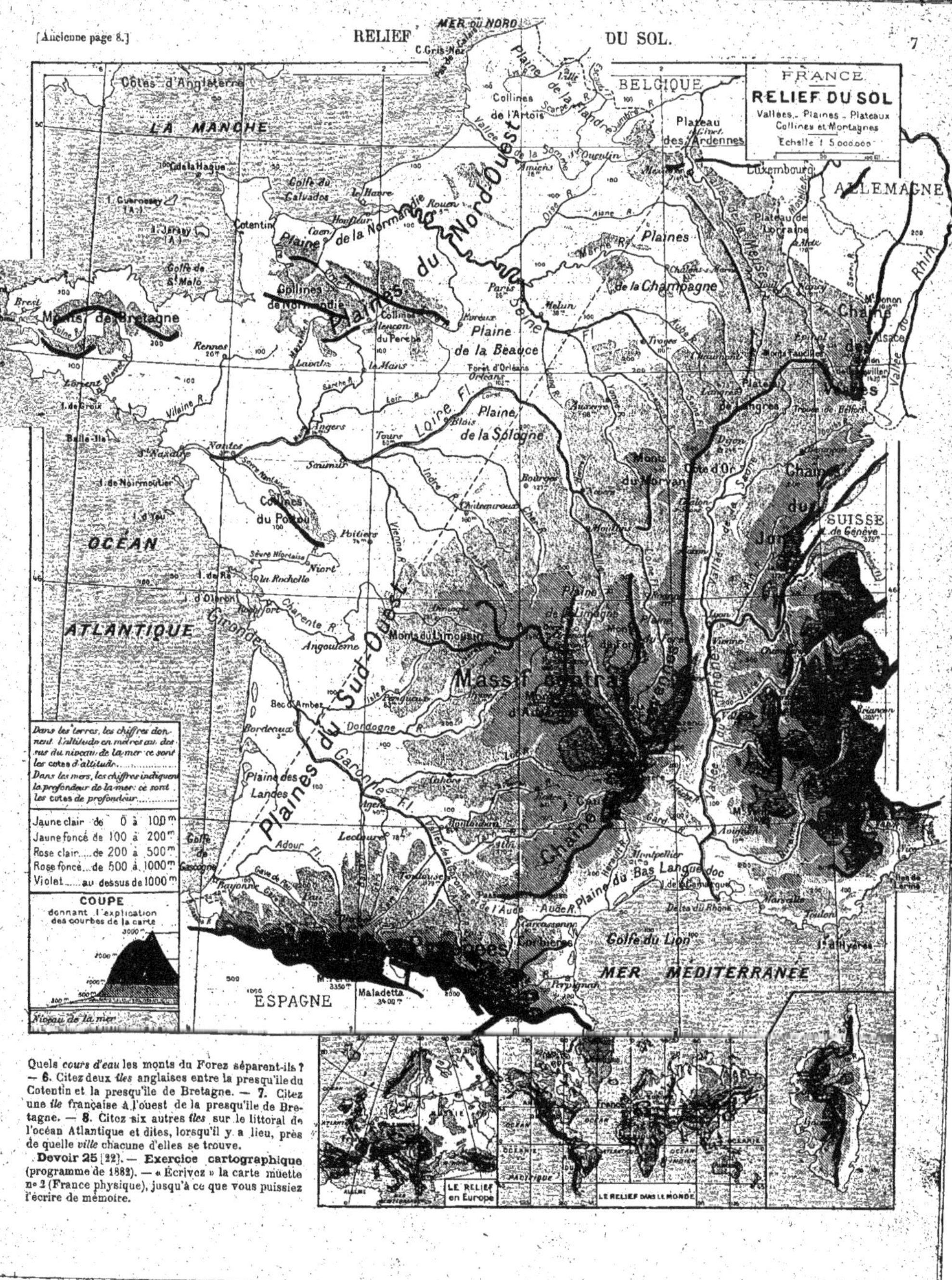

Quels *cours d'eau* les monts du Forez séparent-ils ? — **6.** Citez deux *îles* anglaises entre la presqu'île du Cotentin et la presqu'île de Bretagne. — **7.** Citez une *île* française à l'ouest de la presqu'île de Bretagne. — **8.** Citez six autres *îles* sur le littoral de l'océan Atlantique et dites, lorsqu'il y a lieu, près de quelle *ville* chacune d'elles se trouve.

Devoir 25 [22]. — **Exercice cartographique** (programme de 1882). — « Écrivez » la carte muette n° 2 (France physique), jusqu'à ce que vous puissiez l'écrire de mémoire.

FRANCE
COURS D'EAU

Suivre sur la carte.

107. Nos grands fleuves. — La France est arrosée par quatre grands fleuves : la Seine, la **Loire**, la **Garonne**, le **Rhône**, et par un certain nombre de *fleuves côtiers*.

La Seine verse ses eaux dans la Manche; la Loire, la Garonne versent leurs eaux dans l'**océan Atlantique**; — seul le Rhône envoie ses eaux dans la **Méditerranée**.

SEINE

108. Cours de la Seine. — La Seine (190 lieues) prend sa source dans le plateau de la *Côte-d'Or*, à la faible altitude de 435^m, et va se jeter dans la Manche par un vaste estuaire * de 10 kilomètres de large.

La Seine, dont le nom signifie « la Tranquille, » est le plus *commode* de nos fleuves : son courant est calme et mesuré; le niveau de ses eaux est régulier; ses crues * sont rarement subites. — La Seine est celui de nos grands fleuves qui transporte **le plus de marchandises.**

109 Affluents de la Seine[1]. — Les affluents de la Seine sont :

Sur la rive droite : l'*Aube;* — la **Marne**; — l'**Oise** (grossie de l'**Aisne**). Ces affluents viennent du plateau de Langres ou de la lisière montagneuse du plateau de Lorraine.

Sur la rive gauche : l'**Yonne**, qui vient des monts du Morvan; — le *Loing*, dont les sources sont voisines de la Loire; — l'*Eure*, qui vient des collines du Perche.

LOIRE

110. Cours de la Loire. — La Loire est le plus long fleuve de France (250 lieues). Elle prend sa source dans les Cévennes, à une altitude assez élevée (1 408^m), coule d'abord dans le Massif central, où elle traverse la plaine élevée du Forez, et se jette dans l'océan Atlantique par un estuaire assez large, après avoir parcouru les plaines du nord-ouest.

Les eaux de la Loire sont *très basses* pendant l'été, et causent souvent pendant l'hiver de terribles **inondations** *. Pour se défendre contre ce danger, on a construit des *digues* * le long de ses rives.

111. Affluents de la Loire. — Les affluents de la Loire sont :

Sur la rive droite : la *Nièvre*, qui vient des monts du Morvan; — la *Maine* formée de la *Mayenne* et de la *Sarthe* (grossie du *Loir*), qui viennent des collines du Perche et de Normandie.

Sur la rive gauche : l'**Allier**, qui traverse la haute plaine de la Limagne; — le *Cher;* - l'*Indre;* — la *Vienne* (grossie de la *Creuse*). Tous ces affluents viennent du *Massif central.* — Il faut encore citer le *Loiret*, qui n'est qu'un bras souterrain de la Loire, et la *Sèvre nantaise*, qui vient des collines du Poitou.

GARONNE

112. Cours de la Garonne. — La **Garonne** (140 lieues) prend sa source dans les *Pyrénées* (partie espagnole), à une altitude élevée (1 900^m). — Au *Bec d'Ambez*, elle se réunit à la *Dordogne* pour former le long et large estuaire de la *Gironde*.

1. Voir la note, page 4.

La Garonne est, comme la Loire, sujette des **inondations** * **subites**.

113. Affluents de la Garonne. — Les affluents de la Garonne sont :

Sur la rive droite : l'*Ariège*, qui vient des Pyrénées; — le *Tarn* (grossi de l'*Aveyron*); — le *Lot;* — la *Dordogne* qui reçoit la *Vézère* (grossie de la *Corrèze*), et l'*Isle*, qui tous descendent du *Massif central*.

Sur la rive gauche : la *Save;* — le *Gers;* — la *Baïse*, rivières torrentielles qui descendent des Pyrénées.

RHONE

114. Cours du Rhône. — Le Rhône (180 lieues : 70 en Suisse, 110 en France), prend sa source au massif du *Saint-Gothard* (Alpes suisses), à une altitude élevée (1 800^m); traverse le lac de *Genève*, reçoit la *Saône* à Lyon, et coule dès lors du nord au sud entre la chaîne des Cévennes et le massif des Alpes. — Il se jette dans la Méditerranée par plusieurs **bouches** qui forment ce que l'on appelle un *delta*. — L'île comprise entre ces bouches est la *Camargue*.

Le Rhône, dont le nom signifie « le Rapide, » est alimenté par les Alpes; c'est le fleuve de France qui roule **le plus d'eau**.

115. Affluents du Rhône. — Les affluents du Rhône sont :

Sur la rive droite : l'*Ain*, qui vient du Jura; — la **Saône**, qui en reçoit aussi les eaux par l'intermédiaire du Doubs; — l'*Ardèche;* — le *Gard*, qui viennent des Cévennes.

Sur la rive gauche : l'*Isère;* — la *Drôme;* — la *Durance*, rivières torrentielles qui apportent au Rhône les eaux des Alpes.

RHIN, MEUSE, ESCAUT

116 Rhin. — Depuis la perte de l'*Alsace-Lorraine* (1871), le *Rhin*, qui nous servait de frontière sur une longueur de 90 lieues, ne baigne plus aucune terre française. — La **Moselle**, affluent du Rhin, naît à l'extrémité méridionale des Vosges, à une altitude de 700^m, et coule sur le plateau de Lorraine. — Elle reçoit la *Meurthe*, et entre en Lorraine, puis en Allemagne.

117. Meuse. — **La Meuse** naît dans le plateau de Langres, coule en France sur la bordure occidentale du plateau de Lorraine, et vient rejoindre le Rhin à son embouchure dans la mer du Nord. — Après sa sortie de France, elle traverse la Belgique et la Hollande et se rend dans la mer du Nord par plusieurs embouchures qui se confondent avec celles du *Rhin* et de l'*Escaut*.

La Meuse reçoit la *Sambre*, qui a la première moitié de son cours en France.

118. Escaut — **L'Escaut** n'a que le commencement de son cours en France. Il traverse la Belgique et a son embouchure au sud de la Hollande. C'est le fleuve des plaines flamandes.

FLEUVES COTIERS

119. Outre ces quatre grands fleuves, la France est arrosée par un certain nombre de petits fleuves **côtiers**. Ce sont :

La *Somme* (plaine du nord) et l'*Orne* (collines de Normandie), qui se jettent dans la Manche; — la *Vilaine* (Bretagne), la *Sèvre niortaise* (Poitou), la *Charente* (plaine du sud-ouest) et l'*Adour* (Pyrénées), qui se jettent dans l'océan Atlantique; — l'*Aude* (Pyrénées), l'*Hérault* (Cévennes) et le *Var* (Alpes), qui se jettent dans la Méditerranée.

L'Adour reçoit plusieurs torrents appelés *gaves* : gave de Pau, gave d'Oloron.

Questions de Certificat d'études

(Voir la carte).

* **Devoir 26.** — **1.** Où la *Seine* prend-elle sa source ? — **2.** Quelle *direction* suit-elle ? — **3.** Quelles *villes* arrose-t-elle? — **4.** Dans quelle mer se jette-t-elle ? — **5.** Citez les affluents de *droite*. — **6.** De *gauche* ? — **7.** A quelle *altitude* * la Seine prend-elle sa source ? — **8.** Quelle est la conséquence de cette *faible* altitude ? — **9** A quelle *altitude* la Garonne prend-elle sa source ? — **10.** la Loire ? — **11.** Le Rhône ? — **12.** Quelles *particularités* présentent ces trois fleuves ? — **13.** Quelle est la *direction* du Rhône ? — **14.** du Rhin ? — **15.** Qu'est-ce qui oblige le Rhône à faire un *coude* à Lyon? — **16.** Entre quelles *montagnes* le Rhône passe-t-il à partir de ce coude ? — **17.** Quelle est la *chaîne* qui sépare la vallée du Rhône et de la Saône du cours supérieur de la Loire ? — **18.** Pourquoi dit-on *cours supérieur ?*

Devoir 27 [20]. — **1.** Où la *Loire* prend-elle sa source ? — **2.** Quelles *villes* arrose-t-elle? — **3.** Dans quelle *mer* se jette-t-elle et près de quelle *ville?* — **4.** Où la *Garonne* prend-elle sa source ? — **5.** Dans quelle *mer* se jette-t-elle ? — **6.** Quelles *villes* arrose-t-elle ? — **7.** Où le *Rhône* prend-il sa source ? — **8.** Dans quelle *mer* se jette-t-il ? — **9.** Quelles *villes* arrose-t-il? — **10.** Où le *Rhin* prend-il sa source ? — **11.** Quels *pays* traverse-t-il ? — **12.** Quelles *villes* arrose-t-il ? — **13.** Dans quelle *mer* se jette-t-il? — **14.** Sur quels *fleuves* sont situés : Paris ? — **15.** Rouen ? — **16.** Toulouse ? — **17.** Bordeaux ? — **18.** Nantes ? — **19.** Quels sont les *affluents* de la Loire ? — **20.** Citez quatre fleuves *côtiers* sur l'Atlantique. — **21.** Citez trois fleuves *côtiers* sur la Méditerranée. — **22.** Deux fleuves *côtiers* sur la Manche.

Devoir 28 [21]. — **1.** Quels sont les *affluents* de la Garonne? — **2.** Quelles *villes* chacun de ces affluents arrose-t-il ? — **3.** Citez plusieurs villes du *midi* de la France. — **4.** de l'*est*. — **5.** du *nord*. — **6.** de l'*ouest*. — **7.** du *centre*. — **8.** Quels sont les *affluents* du Rhône ? — **9.** Quelles *villes* chacun de ces affluents arrose-t-il? — **10.** Quel est l'affluent français du bassin du *Rhin ?* — **11.** Quelle *ville* perdue par la France cet affluent arrose-t-il ?

* **Devoir 29.** — **1.** A quel *fleuve* principal les Pyrénées donnent-elles naissance? — **2.** A quels *petits fleuves* côtiers? — **3.** Parmi les *affluents* de la Garonne, citez ceux qui descendent des Pyrénées ? — **4.** Sont-ils tous des affluents de *rive gauche?* — **5.** Citez les *affluents* de la Garonne qui descendent des Cévennes et du massif Central. — **6.** Sur quelle *rive* parviennent-ils au fleuve ? — **7.** Quelle est la *direction* du cours de la Garonne ? — **8.** du cours de la Loire ? — **9.** De quelles *montagnes* descendent les affluents de gauche ? — **10.** Quel est le seul *petit affluent* de rive droite jusqu'à Angers ? — **11.** D'où descendent les *affluents* de la Maine ? — **12.** Citez un *affluent* de la Seine qui descend des mêmes collines. — **13.** Citez trois petits *fleuves côtiers* qui descendent des mêmes collines. — **14.** Citez trois petits *fleuves côtiers* qui descendent des monts de Bretagne. — **15.** De quelles *collines* descendent l'Yonne ? — **16.** la Seine? — **17.** l'Aube? — **18** la Marne ? — **19.** la Meuse. — **20** la Moselle? — **21.** la Meurthe ? — **22.** la Saône?

* **Devoir 30.** — **1.** Quel *fleuve* l'Yonne, l'Aube, la Marne, alimentent-elles ? — **2.** De quel *plateau* l'Oise descend-elle ? — **3.** l'Aisne? — **4.** Quel *pays* traverse la Meuse ? — **5.** la Moselle ? — **6.** Quel *fleuve* la Saône alimente-t-elle ? — **7.** De quel *massif* descend le Doubs ? — **8.** l'Ain ? — **9.** De quel *massif* descend le Rhône? — **10.** D'où descendent les *affluents* de rive droite du Rhône ? — **11.** les *affluents* de rive gauche ? — **12.** Citez l'ensemble des *cours d'eau* qui descendent du Massif central. — **13.** des Cévennes. — **14.** des *montagnes* secondaires qui prolongent les Cévennes. — **15.** des Pyrénées. — **16.** des Alpes. — **17.** des Vosges.

Devoir 31 [22]. — **Exercice cartographique** (programme de 1882). — « *Écrivez* » la carte *muette* n° 2 (France physique), jusqu'à ce que vous puissiez l'écrire de mémoire[1].

1. La liste des cartes muettes se trouve en regard de la page 1

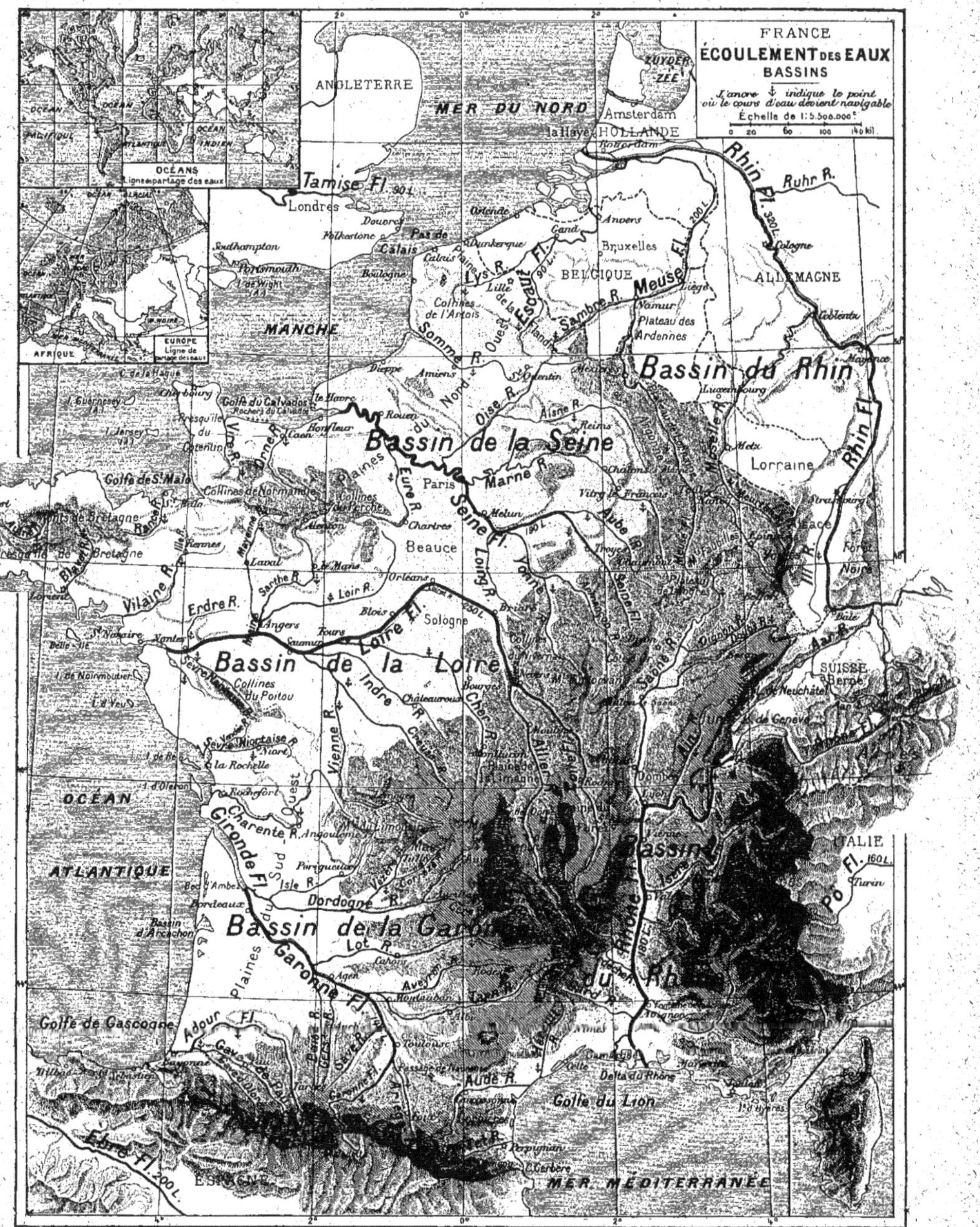

Avis aux Maîtres. — Dans les précédentes éditions les *canaux* figuraient sur cette carte; nous avons pensé qu'il était préférable de leur consacrer une carte, voir page 23. — De même nous nommions, dans la leçon, les villes arrosées par les cours d'eau; nous estimons que cette connaissance doit s'acquérir par l'étude faite **sur la carte même**, et non au moyen de la récitation ; aussi en avons-nous fait l'objet de questions spéciales.

FRANCE
DÉPARTEMENTS

Suivre sur la carte.

120. La France est divisée en **86** départements (89 avant la perte de l'Alsace-Lorraine).

121. Les départements tirent leur nom, soit des **cours d'eau** qui les arrosent (Seine, Somme, etc.); soit des **montagnes** qui s'y trouvent (Lozère, Cantal, etc.); soit de leur *position géographique* (Nord, Finistère, etc.); soit enfin de la *nature* du sol (Landes).

1. — PLAINES DU NORD [1].

122. Les plaines du nord forment la région *la mieux cultivée* de France (**blé, betterave,** *lin*, chanvre, colza). — **BASSINS HOUILLERS** de *Valenciennes* et du *Pas-de-Calais*. — **GRANDES INDUSTRIES** *textiles* et *métallurgiques*. — Passage principal du commerce avec l'**Angleterre** et la **Belgique**.

123. Nord (Flandre). Ch.-l. **LILLE** (178 000 habitants), centre d'un grand camp* retranché; fabriques de *toiles*, de *fils de coton;* forges et **fonderies** (faubourg de **Fives**). — S.-pr. **Dunkerque**, port très actif, sur la mer du Nord, ville très fortifiée, patrie de Jean Bart*; — **Valenciennes**, sur l'Escaut, centre du plus grand **BASSIN HOUILLER** de France; — *Douai;* — *Cambrai*, archevêché, sur l'Escaut, toiles fines et sucre; — Hazebrouck; — Avesnes.

AUTRES VILLES : **Roubaix** et *Tourcoing*, tissus de **laine** et de **coton**; — Armentières; — Halluin; — Wattrelos; — Bailleul; — Denain; — Maubeuge; — Saint-Amand; — le Cateau. Toutes ces villes ont une **industrie** active; — Gravelines, petit port sur la mer du Nord.

124. Pas-de-Calais (Artois et Picardie). Ch.-l. **Arras**, sur la Scarpe, ville très industrielle, commerce de grains, patrie de Robespierre*. — S.-pr. **Boulogne**, port sur la Manche, grand commerce avec l'*Angleterre*, à deux heures de Folkestone; — Saint-Omer; — Béthune; — Saint-Pol; — Montreuil.

AUTRES VILLES : **Calais**, port sur le Pas de Calais, à 28 kilomètres de Douvres*, grand commerce avec l'*Angleterre;* grandes fabriques de tulle. Pris par les Anglais en 1347, Calais leur appartint jusqu'en 1558.

125. Somme (Picardie). Ch.-l. **Amiens**, sur la Somme; grand centre pour l'industrie des *tissus de laine* et des **velours de coton**; magnifique cathédrale du XIIIe siècle. — S.-pr. *Abbeville*, sur la Somme, tissus de laine; — Péronne, sur la Somme; — Doullens, filatures; — Montdidier.

2 — PLAINES DE PARIS ET DE CHAMPAGNE.

126. Les plaines de Champagne sont en partie arides, mais riches de leurs *vignobles;* celles qui environnent Paris sont très *fertiles en blé* dans la Brie et dans la Beauce qui s'étend jusqu'à la Loire. — La vie industrielle est surtout concentrée autour de **PARIS**; *Saint-Quentin, Reims* et *Troyes*, sont de grands centres pour la filature et le tissage de la **laine** et du *coton*.

127. Oise (Ile-de-France). Ch.-l. **Beauvais**. — S.-pr. Compiègne, sur l'Oise, château et forêt célèbres; — Clermont; — Senlis.

128. Aisne (Ile-de-France et Picardie). Ch.-l. **Laon**, ville forte sur une colline isolée. — S.-pr. **Saint-Quentin**, sur la Somme, industries relatives au **coton**; — Château-Thierry, patrie de La Fontaine*; — Vervins.

AUTRE VILLE : Chauny, sur l'Oise, manufacture de glaces.

129. Marne (Champagne). Ch.-l. **Châlons-sur-Marne**; aux environs, célèbre défaite d'Attila* en 451. — S.-pr. **Reims**, grande ville industrielle (draps et flanelles) et commerçante (vins de Champagne); patrie de Colbert* superbe cathédrale* du XIIIe siècle; nombreux **forts**; — *Épernay*, sur la Marne, vins de Champagne; — Vitry-le-François, sur la Marne; — Sainte-Menehould, sur l'Aisne.

130. Aube (Champagne). Ch.-l. **Troyes**, sur la Seine, *bonneterie* et industrie du *coton;* en 1420 y fut signé un traité qui établissait la domination anglaise en France. — S.-pr. Bar-sur-Aube; — Nogent-sur-Seine; — Arcis-sur-Aube, patrie de Danton*; — Bar-sur-Seine.

131. Seine-et-Marne (Ile-de-France). Ch.-l. **Melun**, sur la Seine. — S.-pr. Coulommiers, marché de grains important; — *Fontainebleau*, château et **forêt** magnifiques; *école d'application** où se préparent la plupart des officiers d'artillerie; — Meaux, sur la Marne; **Bossuet*** en fut évêque, — Provins.

AUTRE VILLE : Montereau, au confluent de l'Yonne et de la Seine.

132. Seine (Ile-de-France). Ch.-l. **PARIS** (2 269 000 hab.). Après Londres, la ville la plus peuplée de l'Europe. Siège du **Sénat**, de la **Chambre des députés** et résidence du **Président de la République**. Point de départ de presque toutes les grandes lignes de chemins de fer. Immense camp retranché et le **cœur** de la **résistance nationale** en cas d'invasion. Toutes les **industries** sont représentées à Paris; la fabrication des *objets de luxe* y est très active. Aspect général luxueux, monuments de toutes les époques, musées* admirables, grandes *écoles spéciales*.

Autour de Paris des villes importantes ne sont que ses faubourgs : **Saint-Denis**, — *Levallois-Perret*, — *Boulogne*, — Neuilly, villes pleines de fabriques de toutes sortes.

133. Seine-et-Oise (Ile-de-France). Ch.-l. **Versailles**, magnifique *château*, résidence des rois de 1672 à 1789, patrie de *Hoche**. — S.-pr. Pontoise, sur l'Oise; — *Corbeil*, sur la Seine, filatures de coton et minoteries*; — Mantes, sur la Seine; — Rambouillet, célèbre par sa forêt.

AUTRE VILLE : Saint-Germain-en-Laye, château et forêt admirables.

134. Eure-et-Loir (Orléanais). Ch.-l. *Chartres*, sur l'Eure, cathédrale fameuse, en partie du XIIe siècle, grand marché de grains et de bestiaux, patrie de Marceau*. — S.-pr. Dreux, près de l'Eure; — Nogent-le-Rotrou, commerce de chevaux; — Châteaudun, sur le Loir, célèbre par son héroïque défense contre les Prussiens, en 1870; grand marché de grains.

135. Loiret (Orléanais). Ch.-l. **Orléans**, vinaigre renommé; **Jeanne* d'Arc** l'enleva aux *Anglais* en 1429, après un siège célèbre. — S.-pr. Montargis, sur le Loing et à la jonction des canaux de Briare et d'Orléans; tanneries; — Gien, sur la Loire, fabriques de *faïences;* — Pithiviers, en pleine Beauce.

LIEUX HISTORIQUES : Patay *, Coulmiers *.

3. — PLATEAU LORRAIN

136. Dans la région du plateau lorrain, l'*agriculture* s'est beaucoup *perfectionnée* pour lutter contre la *dureté* du *climat;* les **forêts** abondent; la principale richesse consiste dans les *carrières* de marbre et d'ardoise des *Ardennes*, dans les **gisements de fer** de la **Lorraine** et du plateau de Langres. — L'**industrie métallurgique** y est très développée. — Grandes relations commerciales avec l'**Allemagne**.

137. Ardennes (Champagne). Ch.-l. *Mézières*, sur la Meuse, ville forte. — S.-pr. *Sedan*, sur la Meuse, célèbre par ses **draps**, et par notre défaite en 1870; — Rethel, sur l'Aisne; — Vouziers, sur l'Aisne; — Rocroi, victoire de Condé* sur les Espagnols (1643).

138. Meuse (Lorraine). Ch.-l. *Bar-le-Duc*. — S.-pr. *Verdun*, sur la Meuse, évêché, puissantes **fortifications** (camp retranché); — Commercy, sur la Meuse; — Montmédy.

AUTRE VILLE : Saint-Mihiel, sur la Meuse.

LIEUX HISTORIQUES : Vaucouleurs*, Varennes*.

139. Meurthe-et-Moselle (Lorraine). Ch.-l **Nancy**, près de la Meurthe, grande et belle ville industrielle, école forestière*. — S.-pr. Lunéville, sur la Meurthe; — *Toul*, **place très forte** (camp retranché); — Briey.

140. Vosges (Lorraine). Ch.-l. *Épinal*, sur la Moselle, une des places **les plus fortes** de l'Est (camp retranché); imageries. — S.-pr. Saint-Dié, sur la Meurthe; — Remiremont, sur la Moselle; — Mirecourt (dentelles); — Neufchâteau, sur la Meuse. (Près de Neufchâteau, se trouve *Domrémy*, patrie de **Jeanne* d'Arc**.)

141. Haute-Marne (Champagne). Ch.-l. **Chaumont**, sur la Marne. — S.-pr. Langres, évêché, sur la Marne, **position militaire** de premier ordre; coutellerie célèbre; patrie de Diderot*; — Vassy, forges et fonderies.

AUTRE VILLE : *Saint-Dizier*, sur la Marne, fonderies et forges.

Questions de Certificat d'études.
(Voir la carte).

Devoir 32 [33]. — **1.** Quelles sont les villes arrosées par la *Seine?* — **2.** *Melun* est-il en amont ou en aval de *Paris?* — **3.** *Rouen* est-il en amont ou en aval de *Paris ?* — **4.** Par quelles villes passerait un objet léger que l'on jetterait dans la Seine à *Paris?* — **5.** Quelles villes sont arrosées par l'*Aube?* — **6.** par la *Marne?* — **7.** par l'*Oise ?* — **8.** par l'*Yonne?* — **9.** par l'*Eure ?* — **10.** Quel est le principal affluent de l'*Oise?* — **11** Quels sont les départements traversés par l'*Oise?*

Devoir 33 [34]. — **1.** Par quelles villes passerait un objet léger jeté dans la Marne à *Épernay?* — **2.** D'où l'*Yonne* descend-elle? — **3.** Dites sur quels cours d'eau se trouvent *Châlons, Caen, Amiens, Paris, Rouen.*

1. Dans nos précédentes éditions nous avions classé les départements par *bassins*. — Dans cette nouvelle édition, d'accord avec le système adopté dans l'enseignement secondaire, système appliqué dans la *Deuxième année de géographie*, nous présentons les départements par *régions*. — Les départements formant ces régions offrent des analogies de relief, du climat, de productions, etc, qui en font autant de **groupes naturels**.

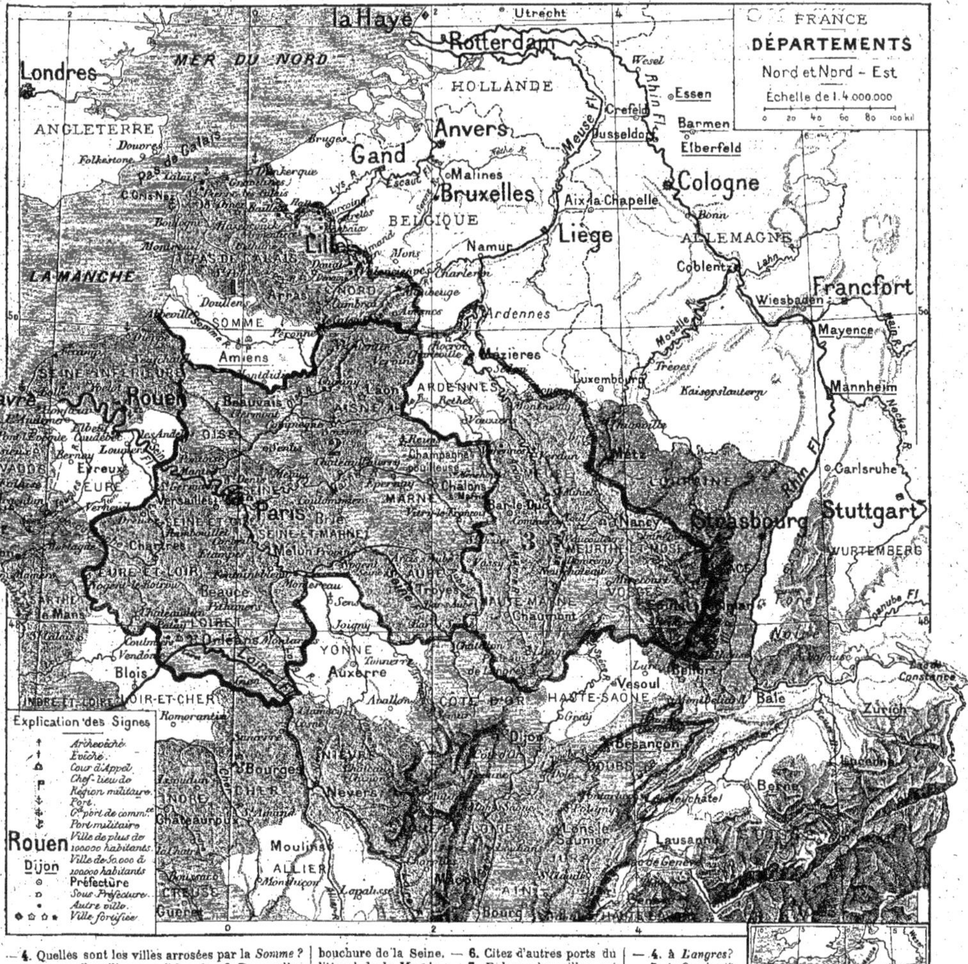

— **4**. Quelles sont les villes arrosées par la *Somme ?* — **5**. Par quelle ville passe l'*Orne ?* — **6**. Par quelles villes passerait-on en allant par eau de *Rouen* à *Soissons ?* — **7**. Comment ferait-on pour aller par eau de *Caen* à *Auxerre ?* — **8**. Quels sont les départements arrosés par la *Seine?* — **9**. par l'*Aube ?* — **10**. par la *Marne ?* — **11**. par l'*Aisne ?* — **12**. par l'*Oise ?* — **13**. par la *Somme ?* — **14**. par l'*Yonne ?* — **15**. par l'*Orne ?*

Devoir 34 [35]. — **1**. Citez un département contenu dans un autre. — **2**. D'où les départements suivants tirent-ils leur nom : Haute-Marne ? — **3**. Seine-Inférieure? — **4**. Seine? — **5**. Eure-et-Loir? — **6**. Seine-et-Oise? — **7**. Quels sont les départements baignés par la *Manche ?* — **8**. Dans quels départements sont : *Beauvais?* — **9**. *Laon ?* — **10**. *Châlons-sur-Marne ?* — **11**. Quel est le département le plus petit, quoique le plus peuplé? — **12**. Combien ce département compte-t-il d'habitants?

Devoir 35 [36 à 38]. — **1**. Formez les catégories suivantes indiquées sur la carte : évêchés. — **2**. archevêchés. — **3**. cours* d'appel. — **4**. chefs-lieux de régions militaires. — **5**. Citez un *grand port* à l'embouchure de la Seine. — **6**. Citez d'autres ports du littoral de la *Manche*. — **7**. Relevez les villes qui ont plus de 50 000 hab. — **8**. Quelle est la population de *Paris ?* — **9**. Faites une liste des villes fortifiées. — **10**. Qu'est-ce que la *source* d'un fleuve? — **11**. Qu'est-ce que l'*embouchure* d'un fleuve?

Devoir 36 [60-64]. — **1**. Sur quels cours d'eau sont *Cambrai, Valenciennes?* — **2**. Quelles sont les villes françaises arrosées par la *Meuse?* — **3**. Quelle est la petite ville française arrosée par la *Sambre?* — **4**. Où est le confluent de la *Sambre* avec la *Meuse ?* — **5**. Dans quel département l'*Escaut* prend-il sa source? — **6**. Quels départements arrose-t-il? — **7**. Dans quel département la *Meuse* prend-elle sa source? — **8**. Quels départements arrose-t-elle? — **9**. Quels sont les départements arrosés par la *Moselle ?* — **10**. Pourquoi le département du *Nord* est-il appelé ainsi? — **11**. le département du *Pas-de-Calais?* — **12**. les départements des *Vosges*, des *Ardennes?* — **13**. Quelle est la population de *Lille ?*

* **Devoir 37**. — **1**. Qu'y a-t-il de remarquable à *Reims?* — **2**. à *Calais?* — **3**. à *Valenciennes?* — **4**. à *Langres?* — **5**. à *Cambrai?* — **6**. à *Paris?* — **7**. à *Chartres ?* — **8**. à *Roubaix?* — **9**. à *Tourcoing ?* — **10**. à *Chauny ?* — **11**. à *Saint-Dizier ?* — **12**. à *Dunkerque?* — **13**. Que s'est-il passé à *Châteaudun ?* — **14**. à *Rocroi?* — **15**. à *Sedan?* — **16**. à *Troyes?* — **17**. à *Orléans?* — **18**. à *Domrémy ?* — **19**. Où est né Marceau? — **20**. Où Bossuet fut-il évêque? — **21**. Où est né La Fontaine?

Devoir 38 [39]. **Exercice cartographique** (programme de 1882). — « Écrivez » la carte *muette* no 6 (plaines du Nord, etc.), jusqu'à ce que vous puissiez l'écrire sans modèle.

Devoir 39 [40]. — Tracez à main levée la Seine, ses affluents, et placez les chefs-lieux des départements.

FRANCE
DÉPARTEMENTS (Suite)

Suivre sur la carte.

4. — PLAINES ET COLLINES DE NORMANDIE

142. Les plaines et les collines de Normandie forment, à cause du voisinage de la mer, une région *très humide* couverte de *gras pâturages*, où l'on élève beaucoup de **chevaux** et de **bestiaux**. — Autour de **ROUEN** sont groupées les principales usines de France pour la *filature et le tissage du* **coton**. — Par le **HAVRE**, grandes relations commerciales avec les **États-Unis**. — Commerce important de *produits de ferme* (beurre, œufs, volailles) avec l'*Angleterre*.

143. Seine-Inférieure (Normandie). Ch.-l. **ROUEN** (106 000 hab.), **industrie cotonnière**. Port où les grands navires remontent avec la marée*; cathédrale remarquable; patrie du grand Corneille*; Jeanne* d'Arc y fut brûlée par les Anglais en 1431. — S.-pr. **LE HAVRE**, à l'embouchure de la Seine; le second port de France (après Marseille); grand commerce avec l'**Angleterre**, les ports de la mer du Nord; et l'**Amérique du Nord**; le **coton**, le *blé*, le sucre y sont les principaux objets de commerce. — S.-pr. *Dieppe*, sur la Manche, commerce actif avec l'Angleterre; armements importants pour la pêche du hareng dans la mer du Nord; — Yvetot; — Neufchâtel.

Autres villes : *Elbeuf*, sur la Seine, draps renommés; — Fécamp, port sur la Manche; — Caudebec; — Bolbec.

144. Eure (Normandie). Ch.-l. **Evreux**, sur l'Iton. — S.-pr. *Louviers*, sur l'Eure, industrie des draps; — Bernay; — les Andelys, marché agricole; — Pont-Audemer, petit port sur la Rille où pénètre la marée*.

145. Calvados (Normandie). Ch.-l. **Caen**, port sur l'Orne; un canal maritime permet aux navires d'y remonter. — S.-pr. Lisieux, tissus de laine et de coton; — Bayeux, évêché; — Falaise; — Vire, sur la Vire, tissus de laine; — Pont-l'Évêque, marché agricole.

Autre ville : Honfleur, sur la Seine, port de commerce important avec l'Angleterre.

146. Manche (Normandie). Ch.-l. Saint-Lô. — S.-pr. **Cherbourg**, grand port militaire avec une digue* de quatre kilomètres construite en pleine mer. — Avranches; — Coutances, évêché; — Valognes; — Mortain.

Autre ville : Granville, port important pour la pêche.

147. Orne (Normandie). Ch.-l. *Alençon*, sur la Sarthe, commerce de chevaux. — S.-pr. Argentan, sur l'Orne; — Domfront; — Mortagne, toiles.

Autres villes : Flers, tissus de coton et de lin ; — Séez, sur l'Orne, évêché.

5. — BRETAGNE ET VENDÉE

148. La Bretagne et la Vendée forment une région granitique* et *pauvre*, mais extrêmement **peuplée**. La douceur et l'humidité du climat favorisent surtout les *cultures maraîchères*, dont les produits sont expédiés à **Paris** et en *Angleterre*. — Grand développement de la **pêche maritime**. — **NANTES** et *Saint-Nazaire* font une grande partie du commerce de la France avec l'*Amérique centrale*.

149. Finistère (Bretagne). Ch.-l. *Quimper*. — S.-pr. **Brest**, grand port militaire, sur une rade intérieure très belle; école navale; — Morlaix, près de la Manche; — Châteaulin, sur l'Aulne; — Quimperlé.

Autre ville : Lambezellec.

150. Côtes-du-Nord (Bretagne). Ch.-l. Saint-Brieuc, près de la Manche, évêché ; pêche des huîtres. — S.-pr. Dinan, petit port sur la Rance; — Guingamp; — Lannion; — Loudéac.

151. Morbihan (Bretagne). Ch.-l. *Vannes*, port près de l'Atlantique. — S.-pr. **Lorient**, port militaire sur le Blavet; pêche de la *sardine*; — Pontivy, sur le Blavet; — Ploërmel.

Autre ville : Plœmeur.

Lieux historiques : Auray*; Quiberon* Carnac*.

152. Ille-et-Vilaine (Bretagne). Ch.-l. **Rennes**, au confluent de l'Ille et de la Vilaine; grand marché agricole (**beurre**); patrie de du Guesclin*. — S.-pr. *Saint-Malo*, à l'embouchure de la Rance, pêche de la **morue** sur le banc* de **Terre-Neuve**; ville très pittoresque; patrie de Chateaubriand*; — Fougères, grandes cordonneries; — Vitré, sur la Vilaine; — Montfort; — Redon, sur la Vilaine.

Autre ville : *Saint-Servan*, port sur la Rance, pêche de la **morue**.

153. Loire-Inférieure (Bretagne). Ch.-l. **NANTES** (124000 hab.), port sur la Loire, un des plus importants de France ; **raffineries*** de sucre ; fabriques de *conserves alimentaires;* construction de navires; *forges* nationales d'**Indret**, un peu en aval, sur la Loire; commerce de *blé*; **Henri IV** y rendit en 1598 un **édit** célèbre qui donna la **liberté religieuse** aux protestants. — S.-pr. **Saint-Nazaire**, port pour les *grands navires* qui ne peuvent aller jusqu'à Nantes; centre de nos relations avec l'**Amérique centrale**; — Châteaubriant; — Ancenis, sur la Loire; — Paimbœuf, port sur la Loire.

Lieu historique : Guérande*.

154. Vendée (Poitou). Ch.-l. *la Roche-sur-Yon*. — S.-pr. les Sables-d'Olonne, petit port de pêche et station balnéaire*; — Fontenay-le-Comte, sur la Vendée.

Autre ville : Luçon, évêché occupé autrefois par **Richelieu*** avant qu'il fut ministre de Louis XIII.

6. — PLAINES DE LA LOIRE

155. Les plaines de la Loire sont : *marécageuses* en Sologne; propres seulement au *pacage* des moutons*, sur les confins du Massif central (Indre et Cher) ; *très fertiles* partout ailleurs. La région est **essentiellement agricole** : *chanvre* dans le Maine et l'Anjou ; *arbres fruitiers* dans la Touraine; *blés* du Poitou. Les produits s'expédient surtout à **Paris**. — *Ardoisières* des environs d'Angers.

156. Mayenne (Maine). Ch.-l. *Laval*, sur la Mayenne, fabriques de *coutil*. — S.-pr. Mayenne, sur la Mayenne, filatures de coton; — Château-Gontier.

157. Sarthe (Maine). Ch.-l. **le Mans**, sur la Sarthe; fabriques de toile; grand commerce de **produits agricoles**; dernier centre de la *résistance aux Prussiens* en 1871. — S.-pr. *la Flèche*, sur le Loir, prytanée* militaire, commerce de volailles; — Mamers; — Saint-Calais.

158. Maine-et-Loire (Anjou). Ch.-l. **Angers**, sur la Maine; château et belle cathédrale; fabriques de toiles ; grand commerce d'ardoises; école d'arts et métiers. — S.-pr. *Cholet*, toiles renommées; — *Saumur*, école de cavalerie, marché agricole important ; — Baugé; — Segré.

159. Indre-et-Loire (Touraine). Ch.-l. **Tours**, sur la Loire; fabriques de soieries; belle cathédrale : siège du gouvernement de la **Défense nationale en 1870**. — S.-pr. Chinon, sur la Vienne, château célèbre; patrie de *Rabelais**; — Loches.

Lieux historiques : Amboise*, Plessis-les-Tours*.

160. Loir-et-Cher (Orléanais). Ch.-l. *Blois*, sur la Loire, **château magnifique** où habitèrent Louis XII et François Ier ; aux environs se trouve aussi le superbe château de Chambord. — S.-pr. Vendôme, sur le Loir; — Romorantin.

161. Cher (Berry et Bourbonnais). Ch.-l. *Bourges*, cathédrale magnifique; commerce de laines; fonderie de canons; patrie de Louis XI. — S.-pr. Saint-Amand, sur le Cher; — Sancerre, près de la Loire.

Autre ville : *Vierzon*, ville industrielle (poteries, machines agricoles).

162. Indre (Berry). Ch.-l. *Châteauroux*, près de l'Indre; draperies. — S.-pr. *Issoudun*, draperies; — le Blanc, sur la Creuse; — la Châtre, sur l'Indre.

163. Vienne (Poitou et Anjou). Ch.-l. **Poitiers**, sur le Clain; belles églises romanes*; marché agricole. — S.-pr. *Châtellerault*, sur la Vienne, importantes fabriques d'armes et de *coutellerie;* — Montmorillon; — Loudun; — Civray.

Lieux historiques : Moncontour*; Vouillé*.

164. Deux-Sèvres (Poitou). Ch.-l. *Niort*, sur la Sèvre niortaise, commerce de blé et de farines. — S.-pr. Parthenay; — Bressuire; — Melle.

Questions de Certificat d'études.

(Voir la carte).

Devoir 40 [23]. — **1**. Quelles sont les villes arrosées par la *Loire?* — **2**. *Orléans* est-il en amont ou en aval de *Nantes?* — **3**. *Blois* est-il en amont ou en aval de *Nevers?* — **4**. Par quelle ville passerait un objet léger qu'on jetterait dans la Loire à *Tours?* — **5**. Le confluent de l'*Allier* est-il en amont ou en aval de celui de la *Vienne?* — **6**. Quelles villes se trouvent entre ces deux confluents? — **7**. Quelle est la direction de l'*Allier?* — **8**. Quelles sont les villes arrosées par l'*Allier?* — **9**. par le *Cher?* — **10**. par l'*Indre?* — **11**. par la *Maine?* — **12**. par la *Sarthe?*

Devoir 41 [21]. — **1**. Quel est l'affluent de la *Sarthe?* — **2**. Quels sont les départements traversés par le *Loir?* — **3**. Sur quelle rivière est situé *Laval?* — **4**. Quel est le principal affluent de la *Vienne?* — **5**. Où passe cet affluent? — **6**. Dites sur quel cours d'eau se trouvent : *Nantes, Orléans, Moulins, Châteauroux, Limoges*. — **7**. Quelle est la ville arrosée par la *Vilaine?* — **8**. Est-il plus facile d'aller

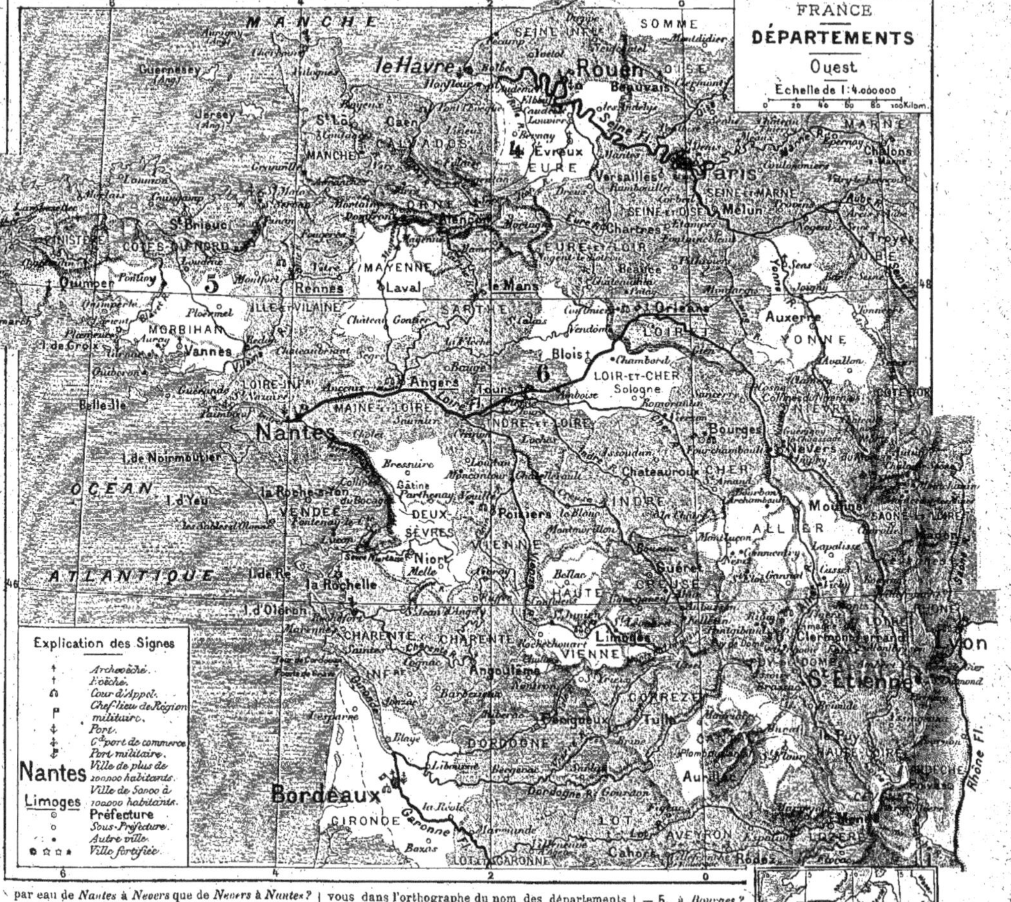

par eau de *Nantes* à *Nevers* que de *Nevers* à *Nantes*? — **9.** Pourquoi? — **10.** Quels sont les départements arrosés par la *Loire*? — **11.** Dans quel département se trouve la *Maine*, et par quelles rivières est-elle formée?

Devoir 42 [25]. — **1.** Quel est le département arrosé par la *Nièvre*? — **2.** par le *Loir*? — **3.** par la *Sarthe*? — **4.** par la *Mayenne*? — **5.** par l'*Allier*? — **6.** par le *Cher*? — **7.** par l'*Indre*? — **8.** par la *Creuse*? — **9.** par la *Sèvre-Nantaise*? — **10.** D'où vient le nom des départements suivants : *Loiret*? — **11.** *Haute-Loire*? — **12.** *Loire-Inférieure*? — **13.** *Indre-et-Loire*? — **14.** *Puy-de-Dôme*? — **15.** *Deux-Sèvres*? — **16.** Qu'est-ce qui sépare le département de la *Nièvre* de celui du *Cher*?

Devoir 43 [26 à 28]. — **1.** Relevez les catégories suivantes indiquées sur la carte : *évêchés*. — **2.** *archevêchés*. — **3.** *cours d'appel*. — **4.** chefs-lieux de *régions militaires*. — **5.** Citez un *port important* près de l'embouchure de la Loire. — **6.** Citez un autre *port* plus près de la mer. — **7.** Citez un *port militaire* dans le Finistère. — **8.** dans le Morbihan. — **9.** Combien les villes de *Nantes* et de *Saint-Étienne* comptent-elles d'habitants? — **10.** Citez plusieurs villes qui ont plus 50 000 habitants. — **11.** Que remarquez-vous dans l'orthographe du nom des départements de *Loir-et-Cher* et *d'Eure-et-Loir*? — **12.** Pourquoi le département du *Cantal* est-il appelé ainsi?

Devoir 44. [29]. — **1.** Quel est le nom des collines situées dans le département des *Deux-Sèvres*? — **2.** des *Côtes-du-Nord*? — **3.** de la *Nièvre*? — **4.** de la *Sarthe*? — **5.** Quels sont les monts qui se trouvent dans le département de la *Haute-Vienne*? — **6.** de la *Corrèze*? — **7.** du *Cantal*? — **8.** du *Puy-de-Dôme*? — **9.** Quelle est la direction de la *Loire*? — **10.** Dans quel département sont situées les villes suivantes : Clermont-Ferrand? — **11.** Le Puy? — **12.** Nevers? — **13.** Bourges? — **14.** Blois? — **15.** Tours? — **16.** Rennes? — **17.** Quels sont les affluents de la *Loire*, rive droite? — **18.** rive gauche? — **19.** Dans quels départements sont situées les villes suivantes : Auxerre? — **20.** Évreux? — **21.** Chartres? — **22.** Alençon? — **23.** Saint-Brieuc? — **24.** Dans quel département la *Loire* prend-elle sa source et près de quelle ville? — **25.** Dans quelle direction est placé *Orléans* par rapport à *Paris*? — **26.** *Blois* par rapport à *Orléans*? — **27.** *Tours* par rapport à *Blois*? — **28.** *Le Mans* par rapport à *Tours*?

* **Devoir 45.** — **1.** Qu'y a-t-il de remarquable à *Nantes*? — **2.** au *Mans*? — **3.** à *Rouen*? — **4.** au *Havre*? — **5.** à *Bourges*? — **6.** à *Brest*? — **7.** à *Elbeuf*? — **8.** à *Honfleur*? — **9** à *Indret*? — **10.** à *Saint-Malo*? — **11.** à *Tours*? — **12.** Que s'est-il passé à *Nantes* en 1598? — **13.** au *Mans* en 1871? — **14.** Où est né Rabelais? — **15.** Corneille? — **16.** Chateaubriand? — **17.** Louis XI? — **18.** Que remarque-t-on à *Poitiers*? — **19.** à *Louviers*? — **20.** à *Rennes*? — **21.** à *Flers*? — **22.** à *Vierzon*? — **23.** à *Niort*? — **24.** à *Fougères*? — **25.** à *Dieppe*?

Devoir 46 [30]. — **Exercice cartographique** (programme de 1882). — *Écrivez* la carte *muette* [1] n° 8, bassin de la Loire, jusqu'à ce que vous puissiez le faire sans modèle.

Devoir 47 [31]. — Tracez à main levée la Loire, ses affluents, et placez les chefs-lieux des départements.

1. La liste des cartes muettes se trouve en regard de la page 1.

FRANCE
DÉPARTEMENTS (Suite).

Suivre sur la carte.

7. — MASSIF CENTRAL.

165. Le **Massif central** forme une région granitique et *très pauvre*, excepté dans les plaines intérieures du *Forez* et de la **Limagne**; les *causses* nourrissent beaucoup de *moutons*. La principale richesse consiste dans les **BASSINS HOUILLERS** disposés autour des granits du massif ou situés dans ses dépressions: bassin de **Saint-Étienne**, bassin du *Gard* (voir vallée du Rhône, page 16), bassin de l'*Aveyron* et de l'*Allier*.

166. Allier (Bourbonnais). Ch.-l. *Moulins*, sur l'Allier, marché agricole. — S.-pr. **Montluçon**, sur le Cher, grand centre industriel: **glaces** et *produits chimiques*; — Gannat; — Lapalisse.

Autres villes: **Vichy**, eaux thermales*); — **Commentry**, *houille, forges* et *fonderies*.

167. Creuse (Marche). Ch.-l. *Guéret*, sur la Creuse. — S.-pr. Aubusson, sur la Creuse, tapisseries renommées; — Bourganeuf; — Boussac.

168. Haute-Vienne (Limousin et Marche). Ch.-l. **Limoges**, sur la Vienne, grandes fabriques de **porcelaine** et de faïence. — S.-pr. Saint-Yrieix, gisements de **kaolin***; — Rochechouart; — Bellac.

Lieu historique: Chalus*.

169. Dordogne (Guyenne et Gascogne). Ch.-l. *Périgueux*, sur l'Isle, grand marché pour les porcs et les truffes. — S.-pr. Bergerac, sur la Dordogne; — Sarlat; — Ribérac; — Nontron.

170. Lot (Guyenne et Gascogne). Ch.-l. *Cahors*, sur le Lot, commerce de vins, patrie de **Gambetta***. — S.-pr. Figeac; — Gourdon.

171. Tarn (Languedoc). Ch.-l. *Albi*, sur le Tarn, patrie de La Pérouse*. — S.-pr. *Castres*, sur l'Agout, industrie du **drap**, ainsi qu'à *Mazamet*; — Gaillac, sur le Tarn; — Lavaur, sur l'Agout.

172. Aveyron (Guyenne et Gascogne). Ch.-l. *Rodez*, sur l'Aveyron. — S.-pr. Millau, sur le Tarn; — Villefranche de Rouergue, sur l'Aveyron; — Saint-Affrique, voisine des grottes de *Roquefort*, où se fabrique un fromage célèbre; — Espalion, sur le Lot.

173. Lozère (Languedoc). Ch.-l. *Mende*, sur le Lot. — S.-pr. Marvejols; — Florac, près du Tarn et des mines de plomb de *Vialas*.

Lieu historique: Châteauneuf-Randon*.

174. Haute-Loire (Languedoc et Auvergne). Ch.-l. *le Puy*, sur la Loire, **dentelles** fabriquées par les paysannes du Velay. — S.-pr. Brioude, près de l'Allier; — Yssingeaux.

175. Loire (Lyonnais). Ch.-l. **SAINT-ÉTIENNE** (124 000 hab.), sur le Furens, centre de production de la **HOUILLE**; **rubans** de soie, *armes*. — S.-pr. *Roanne*, sur la Loire; tissage de la laine et du *coton*; — Montbrison.

Autres villes: *Rive-de-Gier*, *St-Chamond*, *Firminy*, mines de **houille** et usines **métallurgiques**.

176. Puy-de-Dôme (Auvergne). Ch.-l. **Clermont-Ferrand**, au pied du *Puy-de-Dôme*; marché agricole de la Limagne; patrie de Pascal*; la **première croisade** y fut prêchée en 1095; — S.-pr.: Thiers, coutellerie; — Riom; — Ambert; — Issoire, près de l'Allier.

Lieu historique: Gergovie*.

177. Corrèze (Limousin). Ch.-l. *Tulle*, sur la Corrèze, manufacture nationale d'armes. — S.-pr. Brive, sur la Corrèze; — Ussel.

178. Cantal (Auvergne). Ch.-l. *Aurillac*. — S.-pr. Saint-Flour; — Mauriac, commerce de bœufs; — Murat.

8. — PLAINES DU SUD-OUEST

179. Les plaines du sud-ouest forment une région *agricole*, riche surtout par ses *vignobles*, qui donnent les **eaux-de-vie** des Charentes et les **VINS** du Bordelais; — les *Landes*, grâce à un travail opiniâtre, ont cessé d'être un pays marécageux et stérile. — **BORDEAUX** centralise nos relations avec l'*Amérique du Sud* et la plus grande partie de l'*Espagne*; il expédie nos *vins* dans le monde entier.

180. Charente-Inférieure (Aunis et Saintonge) Ch.-l. *la Rochelle*, port célèbre par le siège que lui fit subir *Richelieu** en 1628. — S.-pr. **Rochefort**, port militaire, sur la Charente (entrée insuffisante pour les cuirassés). En amont, le port de *Tonnay-Charente* exporte beaucoup d'**eaux-de-vie**; — *Saintes*, sur la Charente, commerce d'**eaux-de-vie**; — Saint-Jean-d'Angely, sur la Boutonne; — Marennes, célèbre pour ses *huîtres*; — Jonzac.

181. Charente (Angoumois). Ch.-l. *Angoulême*, sur la Charente, *papeteries; canons* pour la marine, à Ruelle. — S.-pr. *Cognac*, sur la Charente, entrepôt des **eaux-de-vie** du pays; — Barbezieux; — Ruffec; — Confolens, sur la Vienne.

182. Gironde (Guyenne et Gascogne). Ch.-l. **BORDEAUX** (221 000 hab.), ville superbe; port sur la Garonne; commerce avec l'*Amérique du Sud*, l'Espagne et l'Afrique occidentale (*Sénégal*); exportation de **vins** et d'**eaux-de-vie**, surtout pour l'*Angleterre*; grand marché agricole; construction de machines et de navires. Pendant l'invasion de 1870, Bordeaux fut, après Tours, le siège du gouvernement de la **Défense nationale***. — S.-pr. *Libourne*, port sur la Dordogne, commerce de *vins*; — Bazas; — Blaye, sur la Gironde; — La Réole, sur la Garonne; — Lesparre.

183. Lot-et-Garonne (Guyenne et Gascogne). Ch.-l. *Agen*, sur la Garonne, marché agricole. — S.-pr. Villeneuve-d'Agen, sur le Lot; — Marmande, sur la Garonne; — Nérac, sur la Baïse.

184. Tarn-et-Garonne (Guyenne et Gascogne). Ch.-l. *Montauban*, sur le Tarn; minoteries*; — Richelieu la prit aux protestants* en 1629. — S.-pr. *Moissac*, grand marché pour les **grains** et les **farines**; — Castel-Sarrasin.

185. Landes (Guyenne et Gascogne). Ch.-l. *Mont-de-Marsan*, sur la Midouze. — S.-pr. Dax, sur l'Adour, sources d'eau chaude; Saint Sever, sur l'Adour.

Autre ville: Aire, sur l'Adour, évêché.

9. — PYRÉNÉES.

186. La région des Pyrénées n'est fertile qu'aux abords de la *vallée de la Garonne* (vignobles du Gers, de la Haute-Garonne et de l'Aude). — Aux pieds de la montagne, les vallées étroites des rivières ne renferment guère que *des prairies* (chevaux de Tarbes). — Dans les Pyrénées mêmes, la principale richesse sont les *eaux thermales** et les *carrières de marbre*. — Il n'y a de route vers l'Espagne qu'aux *deux extrémités*.

187. Basses-Pyrénées (Béarn). Ch.-l. *Pau*, sur le gave de Pau, station d'hiver très fréquentée, château où naquit **Henri IV**. — S.-pr. *Bayonne*, place forte, port sur l'Adour, grand commerce avec l'Espagne; près de là, bains de mer célèbres de Biarritz; — Oloron, sur le gave d'Oloron; — Orthez, sur le gave de Pau; — Mauléon.

188. Hautes-Pyrénées (Guyenne et Gascogne). Ch.-l. *Tarbes*, sur l'Adour, commerce de chevaux. — S.-pr. Bagnères-de-Bigorre, sur l'Adour; — Argelès, près du gave de Pau.

189. Haute-Garonne (Languedoc et Gascogne). Ch.-l. **TOULOUSE** (140 000 hab.), sur la Garonne, à la tête du *canal* du *Midi*, entrepôt naturel du commerce entre l'Atlantique et la Méditerranée; académie des *Jeux floraux**; minoteries* importantes. — S.-pr. Saint-Gaudens, sur la Garonne; — Muret, sur la Garonne; — Villefranche de Lauraguais.

190. Ariège (Comté de Foix). Ch.-l. *Foix*, sur l'Ariège. — S.-pr. Pamiers, évêché, sur l'Ariège, forges; — Saint-Girons, forges.

191. Pyrénées-Orientales (Roussillon). Ch.-l. *Perpignan*, place très forte, sur la Têt; — S.-pr. Prades, sur la Têt; — Céret.

192. Gers (Guyenne et Gascogne). Ch.-l. *Auch*, sur le Gers. — S.-pr. *Condom*, sur la Baïse, eaux-de-vie; Lectoure, près du Gers; — Lombez, sur la Save; — Mirande, sur la Baïse.

193. Aude (Languedoc). Ch.-l. *Carcassonne*, fabrique de drap; admirables fortifications du moyen âge. — S.-pr. *Narbonne*, grand commerce d'**eaux-de-vie** et de **vins**; — Castelnaudary; — Limoux, sur l'Aude.

Questions de Certificat d'études
(voir la carte).

Devoir 48 [43]. — **1.** Quelles sont les villes arrosées par la *Garonne?* — **2.** *Toulouse* est-il en amont ou en aval de *Bordeaux?* — **3.** *Agen* est-il en amont ou en aval de *Bordeaux?* — **4.** Par quelles villes passerait un objet léger jeté dans la Garonne à *Marmande?* — **5.** Le confluent du *Tarn* est-il en amont ou en aval du confluent de la *Dordogne?* — **6.** Quelles villes se trouvent entre ces deux confluents? — **7.** Quelle est la direction du cours du *Lot?* — **8.** Quelles sont les villes arrosées par l'*Ariège?* — **9.** par le *Tarn?*

Devoir 49 [44]. — **1.** Quelles rivières se jettent dans le *Tarn?* — **2.** Sur quel cours d'eau se trouve *Rodez?* — **3.** Quelles sont les villes arrosées par le *Lot?* — **4.** D'où descend la *Dordogne?* — **5.** Quels sont ses affluents? — **6.** Quelles villes la *Dordogne* arrose-t-elle? — **7.** Comment la *Corrèze* communique-t-elle avec la *Dordogne?* — **8.** Dites sur quels cours d'eau

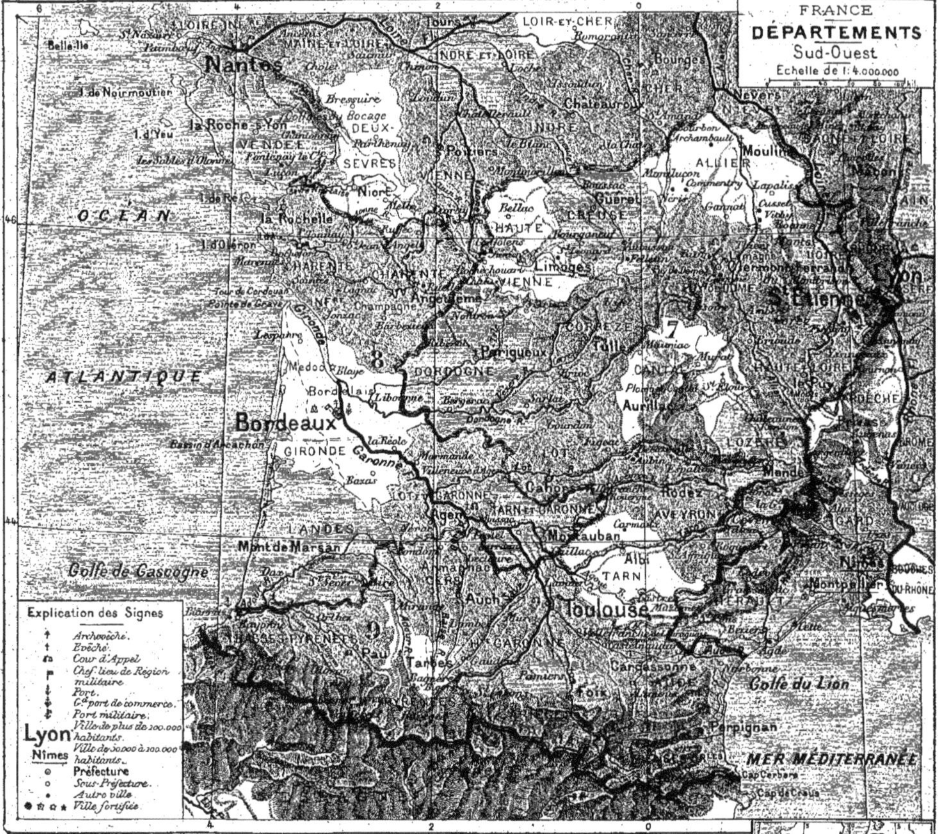

se trouvent *Agen*. — **9**. *Blaye*. — **10**. *Foix*. — **11**. *Montauban*. — **12**. *Cahors*. — **13**. *Libourne*. — **14**. *Tulle*. — **15**. *Auch*. — **16**. Quelles sont les villes arrosées par la *Charente* ? — **17**. Sur quel cours d'eau est *Niort* ? — **18**. Quel est l'affluent de la *Sèvre-Niortaise* ? — **19**. Près de quelle ville l'*Adour* se jette-t-il dans l'Océan ?

Devoir 50 [45]. — **1**. Par quelles villes passerait-on en allant par eau de *Rodez* à *Bordeaux* ? — **2**. Est-il plus facile d'aller par eau de *Cahors* à *Bordeaux* que de *Bordeaux* à *Cahors* ? — **3**. Pourquoi ? — **4**. Quels sont les cours d'eau du bassin de la Loire qui ont leur source dans le *Massif central* ? — **5**. Quels sont les cours d'eau du bassin de la Garonne qui ont leur source dans le *Massif central* ? — **6**. Quels sont les cours d'eau qui ont leur source dans les Cévennes ? — **7**. Quels sont les départements arrosés par la *Garonne* ? — **8**. par l'*Ariège* ? — **9**. par le *Tarn* ? — **10**. par l'*Aveyron* ?

Devoir 51 [46]. — **1**. Quels sont les départements arrosés par le *Lot* ? — **2**. par la *Dordogne* ? — **3**. par la *Charente* ? — **4**. par l'*Adour* ? — **5**. D'où les départements suivants tirent-ils leurs noms : *Lozère* ? — **6**. *Cantal* ? — **7**. *Charente-Inférieure* ? — **8**. *Hautes-Pyrénées* ? — **9**. *Basses-Pyrénées* ? — **10**. Quelles sont les rivières qui arrosent le département de l'*Aveyron* ? — **11**. le département de la *Dordogne* ? — **12**. Pourquoi le département des *Landes* est-il appelé ainsi ?

Devoir 52 [47]. — **1**. Quels sont, dans la carte ci-contre, les départements baignés par l'Océan ? — **2**. A quel département appartiennent les îles d'*Yeu* et de *Noirmoutier* ? — **3**. les îles de *Ré* et d'*Oleron* ? — **4**. Quels sont les départements qui touchent aux *Pyrénées* ? — **5**. Quels sont ceux qui touchent aux *Cévennes* ? — **6**. Quelle est la direction du *Gers* ? — **7**. de la *Garonne* ? — **8**. A partir de quel endroit la *Garonne* prend-elle le nom de *Gironde* ? — **9**. La Garonne est-elle un *fleuve* ou une *rivière* ? Pourquoi ?

Devoir 53 [48]. — **1**. Quelle est la direction de l'*Ariège* ? — **2**. de la *Dordogne* ? — **3**. Citez deux grandes villes sur la *Garonne*. — **4**. Citez un port important sur la *Garonne*. — **5**. Citez une ville fortifiée sur la *Gironde*. — **6**. Quel nom donne-t-on aux cours d'eau rapides qui se jettent dans l'*Adour* ? — **7**. Citez deux *gaves*. — **8**. Citez une grande ville près de l'embouchure de la *Loire*.

Devoir 54 [49]. — **1**. Citez un port militaire dans la *Charente-Inférieure*. — **2**. Sur quel fleuve est situé *Toulouse* ? — **3**. *Bordeaux* ? — **4**. Quelle est la population de la ville de *Bordeaux* ? — **5**. de la ville de *Toulouse* ? — **6**. Quelles sont les villes de la carte ci-dessus qui ont plus de cinquante mille habitants ? — **7**. Citez plusieurs villes situées dans les *monts d'Auvergne*. — **8**. Citez toutes les villes situées dans les *Pyrénées*.

Devoir 55. — **1**. Qu'y a-t-il de remarquable à *Toulouse* ? — **2**. à *Bordeaux* ? — **3**. à *St-Yrieix* ? — **4**. à *Vichy* ? — **5**. à *Carcassonne* ? — **6**. à *Tarbes* ? — **7**. à *Moissac* ? — **8**. à *Périgueux* ? — **9**. à *Clermont-Ferrand* ? — **10**. à *Dax* ? — **11**. à *Limoges* ? — **12**. Que s'est-il passé à Montauban en 1629 ? — **13**. à la Rochelle en 1628 ? — **14**. à Bordeaux en 1870 ? — **15**. Où est né Henri IV ? — **16**. Gambetta ? — **17**. Pascal ? — **18**. Où fabrique-t-on des dentelles ? — **19**. des eaux-de-vie ? — **20**. des armes ? — **21**. Où trouve-t-on de la houille ? — **22**. du plomb ?

Devoir 56 [51]. — **Exercice cartographique**. (Programme de 1882). *Écrivez* la carte *muette* n° 9, bassin de la Garonne, jusqu'à ce que vous puissiez l'écrire sans le modèle [1].

Devoir 57 [51]. — Tracez à main levée les cours d'eau du bassin de la Garonne et placez les chefs-lieux des départements.

1. La liste des cartes muettes se trouve en regard de la page 1.

FRANCE
DÉPARTEMENTS (Suite)

Suivre sur la carte.

10. PETITS MASSIFS MONTAGNEUX entre la Seine, la Loire et la Saône.

194. La région des petits massifs montagneux compris entre la *Seine*, la *Loire* et la *Saône* est très importante, parce que les voies de communications (chemins de fer et canaux) qui relient nos trois plus grands fleuves s'y entrecroisent: c'est le *grand passage du commerce intérieur entre la* **Manche** *et la* **Méditerranée**. — **Vignobles** de Bourgogne. — **Bassins houillers** et grands *centres industriels* de Saône-et-Loire et de la Nièvre.

195. Yonne (Bourgogne et Champagne). Ch.-l. *Auxerre*, sur l'Yonne. — S.-pr. Sens, sur l'Yonne, belle cathédrale; — Joigny, sur l'Yonne; — Tonnerre, sur l'Armançon; vins.

196. Côte-d'Or (Bourgogne). Ch.-l. **Dijon, place très forte** entre la Saône et la Seine; grand commerce de *grains* et de **vins de Bourgogne**; patrie de Bossuet*. — S.-pr. *Beaune*, célèbre par ses **vins**; — Châtillon, sur la Seine, centre métallurgique*; — Semur, sur l'Armançon.

197. Nièvre (Nivernais). Ch.-l. *Nevers*, sur la Loire; fabriques de *faïences* et de porcelaines (grandes usines métallurgiques de *Guérigny* et de *la Chaussade*, sur la Nièvre, d'*Imphy* et de **Fourchambault**, sur la Loire). — S.-pr. *Cosne*, sur la Loire, forges pour la *marine de l'État;* — Clamecy, sur l'Yonne, commerce de bois; — Château-Chinon.

AUTRES VILLES: *Decize*, sur la Loire; mines de *fer* et de **houille**; *forges* importantes.

198. Saône-et-Loire (Bourgogne). Ch.-l. *Mâcon*, **vins** renommés; patrie de Lamartine*; — S.-pr. *Autun*, évêché; — *Chalon-sur-Saône;* — Charolles, commerce de *bœufs;* — Louhans, marché de grains.

GRANDS CENTRES INDUSTRIELS: **Le Creusot**, gigantesque usine devenue ville; mines de **houille** et **de fer**; construction de machines et de matériel pour l'industrie privée, les chemins de fer, l'armée, la marine. — Dans le même bassin houiller: *Montceau-les-Mines*, **Blanzy, Montchanin** (tuileries de Bourgogne); — dans un autre bassin houiller, **Épinac**, avec d'importantes verreries.

11. — JURA ET ALPES

199. La région du Jura et des Alpes, frontière montagneuse de la France, est un pays généralement *dur* et *pauvre;* les *forêts* et les *pâturages* occupent la plus grande partie des plateaux et des vallées, au-dessous des hautes montagnes. — Dans le Jura, industrie de l'*horlogerie* et routes vers la **Suisse**; dans les Alpes, routes vers l'**Italie**; près de la Méditerranée, culture de l'*olivier* et de l'*oranger*.

200. Belfort (territoire de). C'est tout ce qui nous reste de l'**Alsace**; région de passage entre le Rhône et le Rhin; nombreuses **filatures** de coton. Ch.-l. **Belfort**, *place très forte.*

201. Haute-Saône (Franche-Comté). Ch.-l. *Vesoul*. — S.-pr. *Gray*, sur la Saône; minoteries*, commerce de grains; — Lure.

202 Doubs (Franche-Comté). Ch.-l. **Besançon**, *place très forte* sur le Doubs, centre de la fabrication de l'**horlogerie**. — S.-pr. *Montbéliard*, sur le Doubs, **horlogerie** et filature du *coton;* — *Pontarlier*, clef du principal passage de Franche-Comté en Suisse; — Baume-les-Dames, sur le Doubs.

203. Jura (Franche-Comté). Ch.-l. **Lons-le-Saunier**, entouré de *salines*. — S.-pr. Dôle, sur le Doubs; — Poligny non loin de la ville de *Salins*, centre d'exploitation du *sel gemme**; — Saint-Claude, *horlogerie*.

204. Ain (Bourgogne). Ch.-l. *Bourg*, marché agricole. — S.-pr. Belley, industrie de la *soie;* — Nantua; — Gex; — Trévoux, sur la Saône, industrie de la *soie*.

205. Haute-Savoie (Savoie). Ch.-l. *Annecy*, sur le lac d'Annecy. — S.-pr. Thonon, sur le lac de Genève; — Bonneville; — Saint-Julien.

206. Savoie (Savoie). Ch.-l. *Chambéry*, près de là, sur le lac du Bourget, célèbres sources sulfureuses d'*Aix*. — S.-pr. Albertville, place forte, près de l'Isère; — Saint-Jean-de-Maurienne, sur l'Arc, chemin de fer qui traverse le tunnel du **Mont-Cenis**; — Moutiers, sur l'Isère.

207. Hautes-Alpes (Dauphiné). Ch.-l. *Gap*. — S.-pr. *Briançon*, place forte sur la Durance et près du col du Genèvre; c'est la ville la plus élevée de France; — Embrun, sur la Durance.

208. Basses-Alpes (Dauphiné). Ch.-l. *Digne;* — S.-pr. Sisteron, sur la Durance; — Forcalquier; — Barcelonnette; — Castellane.

209. Alpes-Maritimes (comté de Nice et Provence). — Ch.-l. **Nice**, célèbre par la douceur de son climat; station d'hiver très fréquentée, ainsi que *Cannes*, Antibes, *Menton*. — S.-pr. *Grasse*, grande fabrication d'huile et de **parfumerie**; — Puget-Théniers.

Dans les Alpes-Maritimes se trouve enclavée la petite principauté indépendante de **Monaco**.

210. Var (Provence). Ch.-l. *Draguignan*. — S.-pr. Toulon, port militaire, entouré de forts nombreux; chantiers de *la Seyne* pour la construction des navires; — Brignoles.

AUTRES VILLES: Hyères, station d'hiver, en face des îles du même nom; — Fréjus, évêché.

211. Corse. Ile très montagneuse et sauvage; richesses minérales inexploitées. — Ch.-l. *Ajaccio*, place forte et bon port, patrie de **Napoléon Ier***. — S.-pr. *Bastia*, place forte et port; — Calvi; — Corte; — Sartène.

12. — VALLÉE DU RHONE ET PLAINE DU LANGUEDOC

212. La vallée du Rhône et la plaine du Languedoc forment une région agricole, spéciale, caractérisée surtout par sa *sécheresse:* **mûrier**, *olivier*, **vigne** en abondance avant le phylloxera*. — Industrie de la **soie** et du tissage. — Routes de la Méditerranée vers Lyon et Paris, vers Toulouse et Bordeaux. — Centre de nos relations commerciales avec la **Méditerranée** et les pays de l'**Orient**.

213. Rhône (Lyonnais). Ch.-l. **LYON** (377 000 hab.), au confluent de la Saône et du Rhône; la seconde ville de France; industrie de la **SOIE**, *teinturerie, produits chimiques*, fonderie, etc.); une des premières places de commerce du monde; forts importants. — S.-pr. Villefranche-sur-Saône, commerce de vins.

214. Isère (Dauphiné). Ch.-l. **Grenoble**, sur l'Isère, *place forte;* industrie des **gants**; au nord de Grenoble, dans la montagne, couvent célèbre de la *Grande-Chartreuse*. — S.-pr. *Vienne*, sur le Rhône, draperie; — Saint-Marcellin, sur l'Isère; — la Tour-du-Pin.

215. Ardèche (Languedoc). Ch.-l. *Privas*. — S.-pr. Tournon, sur le Rhône, au sud d'*Annonay*, connue pour ses papeteries et pour l'invention des **ballons**, en 1783, par les frères *Montgolfier;* — Largentière.

AUTRES VILLES: Viviers, sur le Rhône, évêché; — Aubenas, grand marché pour la **soie**.

216. Drôme (Dauphiné). — Ch.-l. *Valence*, filatures de soie, non loin de *Romans*, la ville la plus industrieuse du département (**draperies** et **soieries**). — S.-pr. Montélimar; — Die, sur la Drôme; — Nyons.

217. Vaucluse (Comtat-Venaissin et Provence). Ch.-l. *Avignon*, sur le Rhône, résidence des **papes**, de 1309 à 1376, château et cathédrale remarquables; *soieries;* commerce de vins. — S.-pr. Carpentras; — Orange, monuments romains; — Apt, filatures de *soie*.

218. Bouches-du-Rhône (Provence). Ch.-l. **MARSEILLE** (360 000 hab.), troisième ville et **premier port** de France: *cinquième port* de commerce du monde (après Londres, Liverpool, New-York, Hambourg); le plus grand marché de France pour les céréales, les laines et les peaux; grandes fabriques de **savon** et d'*huiles;* établissements métallurgiques; centre de nos relations commerciales avec toutes les côtes de la Méditerranée et l'extrême-Orient; ancienne colonie phénicienne* et phocéenne*; patrie de **Thiers***. Non loin de Marseille se trouve le port de **constructions maritimes** de *la Ciotat*. — S.-pr *Aix*, archevêché, grand commerce d'huiles; école d'arts et métiers; — *Arles*, monuments romains.

219. Gard (Languedoc). Ch.-l. **Nîmes**, industrie des tapis; commerce de vins. — S.-pr. *Alais*, sur le Gard, marché pour la **soie**, et centre de la *région métallurgique* du département; — Uzès; — le Vigan.

LIEU HISTORIQUE: Aigues-Mortes*.

220. Hérault (Languedoc). Ch.-l. **Montpellier**, commerce de *vins* et d'eaux-de-vie, — S.-pr. *Béziers*, grand commerce de **vins**; — Lodève, manufactures de draps; — St-Pons.

AUTRES VILLES: **Cette**, grand port pour les **vins**; — Agde, port sur l'Hérault.

Questions de Certificat d'études
(voir la carte.)

Devoir 58 [53]. — **1.** Que forme le cours du Rhône au milieu des montagnes? — **2.** Quel est le principal *affluent* du Rhône? — **3.** Quels sont les *fleuves côtiers* qui se jettent dans la Méditerranée? — **4.** Où le *Rhône* prend-il sa source? — **5.** Où le *Rhône* change-t-il de direction? — **6.** Quelle est la direction du *Rhône* en amont de *Lyon?*

Devoir 59 [54]. — **1.** Quelle est la direction du *Rhône* en aval de *Lyon?* — **2.** Quelles sont les villes arrosées par le *Rhône?* — **3.** Quel nom donne-t-on au département que traverse le Rhône avant de se jeter dans la mer? — **4.** Où la *Saône* prend-elle sa source et quelles villes arrose-t-elle? — **5.** Quel est l'affluent de la *Saône?* — **6.** Le *Rhône* coule-t-il rapidement? — **7.** Pourquoi? — **8.** Dans quelle direction coule l'*Isère?* — **9.** la *Durance?* — **10.** l'*Aude?* — **11.** le

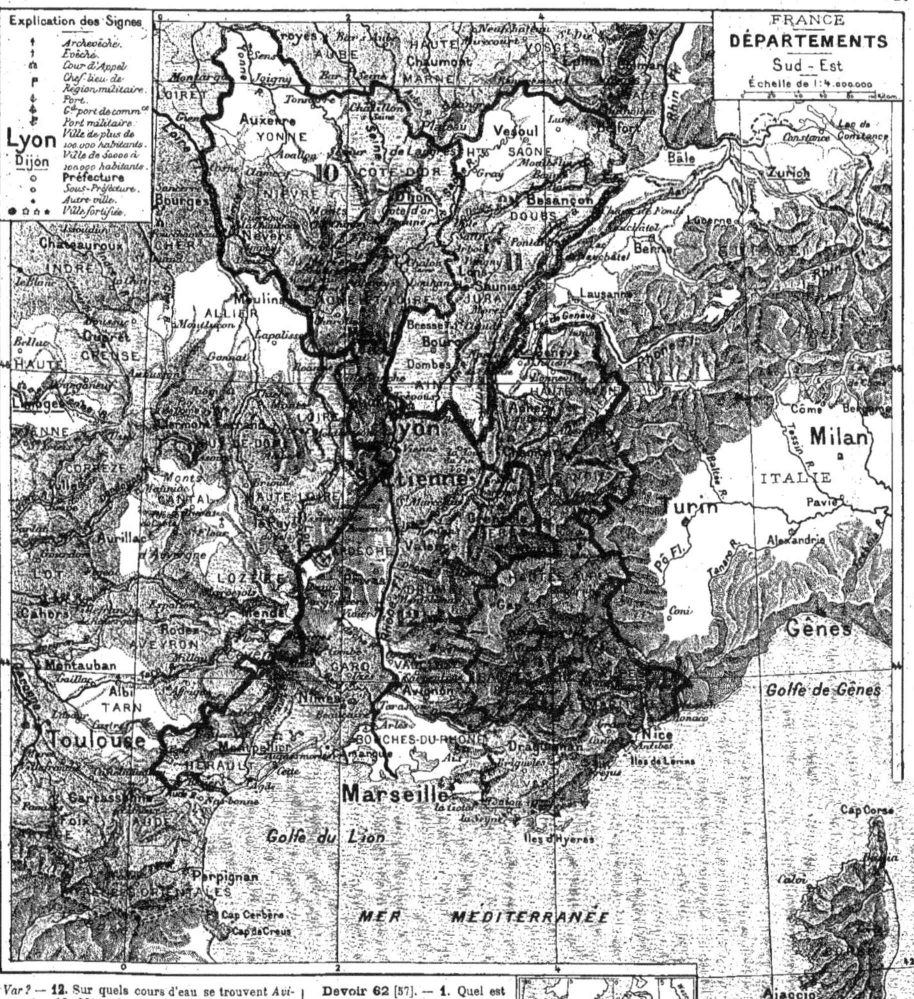

Var? — **12.** Sur quels cours d'eau se trouvent *Avignon?* — **13.** *Mâcon?* — **14.** *Besançon?*

Devoir 60. [55]. — **1.** Quels sont les départements arrosés par le *Rhône?* — **2.** par la *Saône?* — **3.** par l'*Isère?* — **4.** par la *Durance?* — **5.** Pourquoi les départements suivants sont-ils appelés ainsi: *Haute-Savoie?* — **6.** *Alpes-Maritimes?* — **7.** *Pyrénées-Orientales?* — **8.** *Vaucluse*?* — **9.** *Bouches-du-Rhône?* — **10.** *Hautes-Alpes?* — **11.** *Basses-Alpes?* — **12.** *Jura?*

Devoir 61 [56]. — **1.** Quels sont les départements qui touchent à la *Suisse?* — **2.** à l'*Italie?* — **3.** aux *Cévennes?* — **4.** Qu'appelle-t-on *littoral?* — **5.** Quels sont les départements du littoral de la *Méditerranée?* — **6.** Quel lac le *Rhône* traverse-t-il? — **7.** Citez une rivière qui se jette dans le *Rhin* et qui traverse plusieurs lacs de la *Suisse.* — **8.** Citez les villes fortifiées de la région du sud-est. — **9.** Quelle est la grande *chaîne* de montagnes qui protège la France du côté du sud-est?

Devoir 62 [57]. — **1.** Quel est le premier *port de commerce* de France? — **2.** Sur quelle *mer* est-il situé? — **3.** Quelle est sa *population?* — **4.** Citez un port militaire sur la *Méditerranée.* — **5.** Citez un port de commerce dans le département de l'*Hérault.* — **6.** Quelle est la *seconde ville* de France? — **7.** Relevez sur la carte ci-dessus les villes de plus de 100 000 habitants. — **8.** les villes de plus de 50 000 habitants. — **9.** les cours d'appel. — **10.** Quels sont les affluents du *Rhône?* — **11.** Quel est l'affluent de la *Saône?*

Devoir 63 [58]. — **1.** Citez une ville au confluent de la *Saône* et du *Rhône.* — **2.** Citez les chefs-lieux de régions militaires. — **3.** Dans quels départements se trouvent *Nice*, *Marseille*, *Nîmes*, *Montpellier*, *Carcassonne*, *Perpignan?* — **4.** Sur quel cours d'eau se trouvent *Avignon*, *Carcassonne*, *Mâcon*, *Valence*, *Besançon*, *Chalon-sur-Saône?* — **5.** De quelle manière écrit-on *Chal...-sur-Saône* et *Chal...-sur-Marne?* — **6.** Quelle est la chaîne de montagnes qui longe le *Rhône* et une partie de la

FRANCE ADMINISTRATIVE

221. Population. — La population totale de la France est de **38 millions** d'habitants. (Allemagne, 45 millions.)

222. Depuis 1871, la population de la France a augmenté de **2 millions** d'habitants. (Allemagne, 4 millions.)

223. Les 86 départements forment 362 *arrondissements*, subdivisés en 2 900 *cantons* et en 36 000 *communes*.

224. Administration. — Chaque *commune* est administrée par un **maire**, assisté d'un ou de plusieurs *adjoints*, et d'un **conseil municipal** élu* pour quatre ans, au scrutin de liste.

225. Être choisi par ses concitoyens pour faire partie d'un Conseil municipal est un **honneur**. L'accepter est un devoir civique.

226. Le *canton* n'a pas d'administration qui lui soit propre, seulement chaque chef-lieu de canton est le siège d'une *justice de paix*, et c'est là que se font le **tirage* au sort** et la **revision**.

227. Chaque *arrondissement* est administré par un **sous-préfet**, assisté d'un *conseil d'arrondissement* élu.

228. Chaque *département* est administré par un **préfet**, résidant au chef-lieu. Le préfet est assisté dans ses fonctions par un *conseil de préfecture* nommé*, et par un **conseil général** élu*, qui est composé d'autant de membres qu'il y a de *cantons* dans le département.

GOUVERNEMENT

229. La France est une **République** à la tête de laquelle se trouve un **Président** nommé pour sept ans.

230. Le pouvoir exécutif* est exercé par des **ministres** responsables.

231. Le pouvoir législatif* appartient aux **Chambres**, qui votent les lois.

232. Il y a **deux Chambres** : la *Chambre des députés*, qui est élue par le **suffrage* universel**, et le *Sénat*, qui est élu par un suffrage à plusieurs degrés.

233. Tout Français âgé de 21 ans est **électeur**; il participe aux élections des conseils municipaux, des conseils d'arrondissement, des conseils généraux et de la Chambre des députés.

234. Les bons citoyens considèrent comme un **devoir** de prendre part à tous les votes.

JUSTICE

235. La **justice** est rendue en France par des tribunaux de divers ordres.

236. Il y a dans chaque chef-lieu de canton un magistrat appelé d'un beau nom : **juge de paix**; il est chargé de concilier* les difficultés qui surviennent entre les particuliers, et de juger les affaires civiles* peu importantes.

237. Dans chaque chef-lieu d'arrondissement se trouve un *tribunal civil de première instance*, qui juge toutes les affaires civiles* et correctionnelles*.

238. Dans les villes commerçantes, il y a un *conseil de prud'hommes*, pour concilier et pour juger les contestations entre patrons et ouvriers, et un *tribunal de commerce*, pour juger les contestations d'intérêt qui peuvent survenir entre les commerçants.

239. Au-dessus des tribunaux précédents se trouvent les **cours* d'appel**, auxquelles on peut *appeler** des jugements rendus par ces différents tribunaux. Il y a en France *vingt-six* cours d'appel.

240. Au chef-lieu de chaque département, se réunit tous les trois mois la **cour d'assises**, chargée de juger les *crimes*. La *cour d'assises* se compose de trois magistrats et d'un **jury** formé de douze *jurés*, tirés au sort parmi les habitants du département.

241. Au-dessus de tous les tribunaux (y compris les cours d'assises) est placée la **Cour de cassation**, dont le siège est à Paris, et qui examine si les décisions judiciaires qui lui sont soumises *sont* ou *ne sont pas conformes* à la loi.

INSTRUCTION PUBLIQUE

242. Il y a **trois** sortes d'enseignement : l'enseignement *primaire*, l'enseignement *secondaire*, et l'enseignement *supérieur*.

243. Enseignement primaire. — L'enseignement **primaire** comprend les connaissances indispensables. La preuve qu'un élève a acquis ces connaissances est donnée par le **certificat d'études primaires**.

244. On doit s'appliquer à obtenir ce certificat.

245. L'enseignement primaire est donné par les **Instituteurs communaux**, formés dans les **Écoles normales primaires**.

246. Enseignement secondaire. — L'enseignement **secondaire**, donné dans les *lycées* et les *collèges*, est, comme l'indique son nom, plus élevé que l'enseignement primaire. Il comprend les connaissances nécessaires à tout *homme cultivé*. On le reçoit de dix à vingt ans.

247. Enseignement supérieur. — L'enseignement **supérieur** comprend les parties les plus difficiles de la littérature et des sciences. Il forme des professeurs, des officiers, des ingénieurs*, des médecins, des avocats, des *savants* de toute sorte.

248. L'enseignement supérieur est donné dans quelques villes de France seulement, dans des établissements que l'on appelle des **facultés**.

249. Il est aussi donné dans de **grandes écoles**, comme l'École normale* supérieure, l'École polytechnique*, l'École de Saint-Cyr*, l'École navale*, l'École centrale*.

250. Importance de l'instruction publique. — Un homme *ignorant* et un peuple *ignorant* sont également incapables de bien mener leurs affaires. Il est triste de dire que la France est encore un des pays de l'Europe où il y a **le plus de gens** qui *ne savent ni lire ni écrire*.

251. C'est pourquoi on a rendu l'instruction primaire **obligatoire** pour tous. L'instruction obligatoire donnera un plus grand nombre de *bons citoyens* et de *bons pères de famille*.

252. Mais il ne suffit pas que tout le monde reçoive l'instruction primaire. Les **sciences** donnent, pendant la paix, les plus puissants secours à l'**industrie***, et pendant la guerre, fournissent les armes les plus redoutables.

253. Il faut donc que l'instruction *secondaire* et l'instruction *supérieure* soient aussi données à beaucoup de jeunes gens dignes de les recevoir.

254. C'est pourquoi le gouvernement et les villes accordent à des enfants travailleurs et intelligents des **bourses*** qui leur permettent d'aller au *collège* ou au *lycée* d'abord, et ensuite de suivre les cours des *facultés* ou d'entrer dans les *grandes écoles*.

IMPOTS

255. Pour payer les juges, les soldats, les marins, etc., l'État a besoin d'argent. Il en demande à tous les citoyens : c'est ce qu'on appelle l'**impôt**.

256. On paye un impôt pour les champs qu'on possède, pour sa propre personne, pour les fenêtres et les portes de sa maison, pour le commerce qu'on exerce, etc.

257. Les bons citoyens payent leurs impôts, parce qu'ils savent que l'État ne peut rien faire **sans argent**.

Saône? — **7.** Citez deux groupes de petites îles dans la *Méditerranée*. — **8.** Citez une grande île française située dans la Méditerranée. — **9.** Quels sont les départements de la *frontière* sud-est avec leurs préfectures ?

Devoir 64 [59]. — **1.** Citez la préfecture et les sous-préfectures du département de la *Corse*. — **2.** Quelles sont les villes de France qui ont plus de 100 000 habitants ? — **3.** Quelle est la population de *Lyon ?* — **4.** de *Paris ?* — **5.** de *Marseille ?* — **6.** Quel est l'*État* situé de l'autre côté des Alpes ? — **7.** Citez un grand *fleuve* et les principales *villes* du nord de l'Italie (carte p. 17). — **8.** Citez une petite principauté indépendante dans le département des *Alpes-Maritimes*.

***Devoir 65.** — **1.** Qu'y a-t-il de remarquable à *Mâcon ?* — **2.** à *Avignon ?* — **3.** à *Grenoble ?* — **4.** à *Marseille ?* — **5.** à *Montpellier ?* — **6.** à *Briançon ?* — **7.** à *Montceau-les-Mines ?* — **8.** à *Dijon ?* — **9.** à *Grasse ?* — **10.** au *Creusot ?* — **11.** à *Nevers ?* — **12.** à *Clamecy ?* — **13.** à *Montbéliard ?* — **14.** à *Toulon ?* — **15.** à *Cette ?* — **16.** à *Lyon ?* — **17.** à *Romans ?* — **18.** Que s'est-il passé à *Annonay* en 1783 ? — **19.** à *Avignon* de 1309 à 1376 ? — **20.** Où est né Napoléon Ier ? — **21.** Thiers ? — **22.** Bossuet ? — **23.** Lamartine ? — **24.** Citez quelques grandes *usines métallurgiques* du département de la Nièvre. — **25.** Quel est le centre de la fabrication de l'*horlogerie ?* — **26.** de la *soie ?*

Devoir 66 [60]. **Exercice cartographique** (programme de 1882). — Dessinez à main levée le cours du Rhône et de ses affluents.

Devoir 67 [61]. — « *Écrivez* » la carte *muette* (n° 10) du bassin du Rhône jusqu'à ce que vous puissiez l'écrire sans le modèle [1].

1. La liste des cartes muettes se trouve en regard de la page 1. — Pour l'enseignement collectif, voir les cartes murales nos 4 et 5, par M. Vidal-Lablache. 6 fr. 50.

Questions de Certificat d'études.

(Voir la carte).

Devoir 68 [69]. — **1.** En combien de départements la France est-elle divisée ? — **2.** Combien y a-t-il d'arrondissements en France ? — **3.** de cantons ? — **4.** de communes ? — **5.** d'habitants ? — **6.** Par qui la commune est-elle administrée ? — **7.** le département ? — **8.** l'arrondissement ? — **9.** Quelles sont les fonctions du juge de paix ? — **10.** Par quel tribunal sont jugés les crimes ? — **11.** Quelle juridiction y a-t-il au-dessus des tribunaux de première instance ? — **12.** au-dessus de tous les tribunaux ?

***Devoir 69.** — **1.** Quel est le gouvernement de la France ? — **2.** A quelles élections participe un électeur ? — **3.** Par qui sont faites les lois ? — **4.** Qui est chargé de faire exécuter les lois ? — **5.** Quelles sont les trois sortes d'enseignement ? — **6.** Par quelles écoles passe-t-on pour devenir médecin, avocat, etc.?

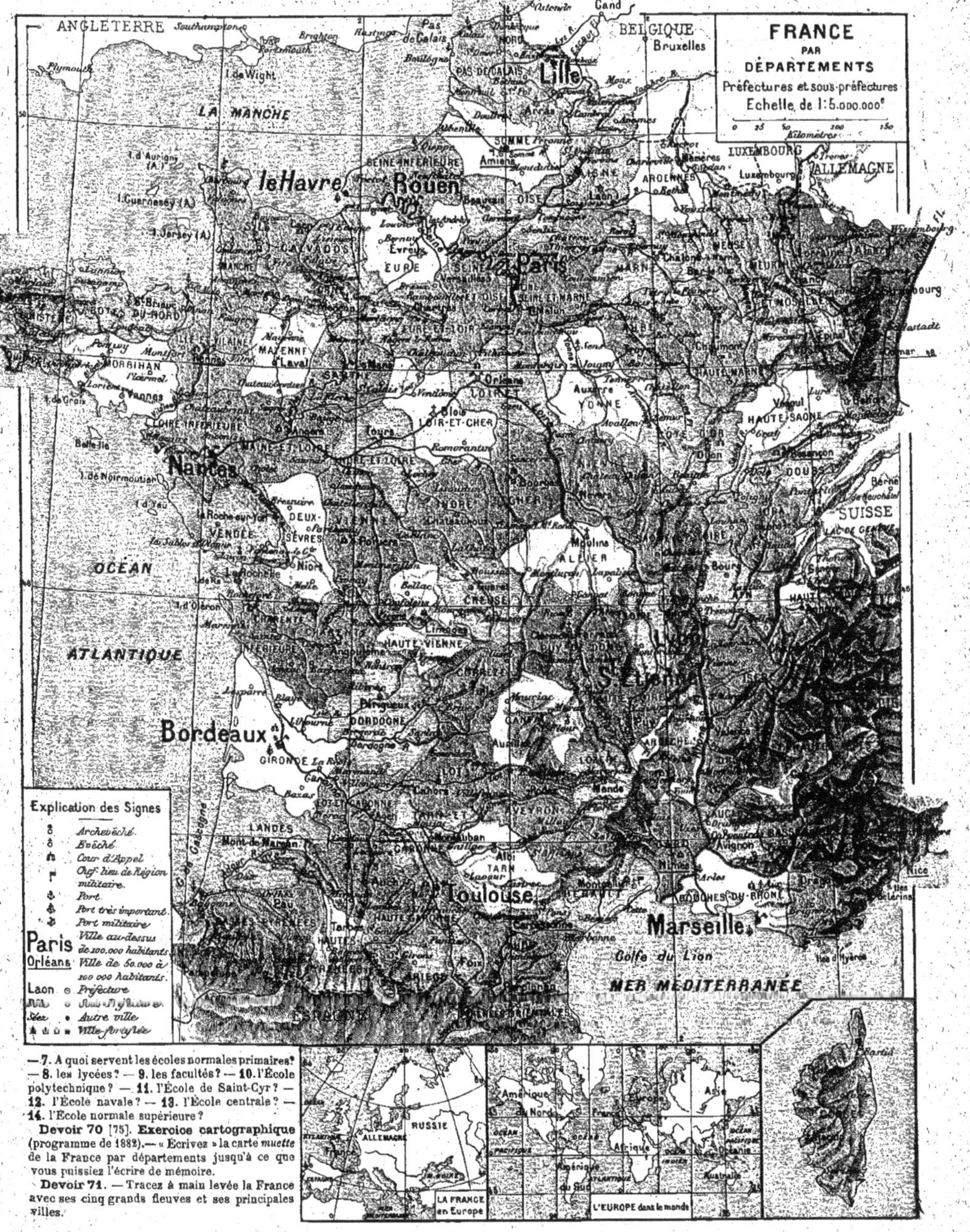

—7. A quoi servent les écoles normales primaires? — 8. les lycées? — 9. les facultés? — 10. l'École polytechnique? — 11. l'École de Saint-Cyr? — 12. l'École navale? — 13. l'École centrale? — 14. l'École normale supérieure?

Devoir 70 [75]. **Exercice cartographique** (programme de 1882). — « Écrivez » la carte *muette* de la France par départements jusqu'à ce que vous puissiez l'écrire de mémoire.

Devoir 71. — Tracez à main levée la France avec ses cinq grands fleuves et ses principales villes.

FRANCE

VOIES DE COMMUNICATION

(Suivre sur la carte.)

258. **Avantages.** — Plus un pays possède de *moyens de transport* et de *voies de communication*, plus le commerce* de ce pays est **facile** et **prospère**.

259. **Principaux moyens de communication.** — Les principaux moyens de communication sont, PAR TERRE : les **routes** et chemins, les **chemins de fer** ; — PAR EAU : les fleuves, les rivières, les *canaux*, la **mer** enfin (navires à vapeur et à voiles) qui permet les communications entre toutes les parties de la terre.

ROUTES

260. **Différentes sortes de routes.** — On distingue trois sortes de **routes** : les routes **nationales***, entretenues aux frais de l'État ; — les routes **départementales***, entretenues aux frais de chaque département ; — les chemins **vicinaux***, entretenus aux frais des communes, aidées, dans certains cas, par le département.

261. Jusqu'en 1828, les routes étaient le seul moyen de communication par terre. Sur toute l'étendue de la France étaient organisés des services de **messageries** (*diligences*) pour les voyageurs, et de **roulage** (chariots) pour les marchandises. Les voyages et les transports étaient *lents* et *coûteux* ; l'industrie* et le commerce* n'avaient pas une grande activité.

CHEMINS DE FER

262. **Avantages.** — C'est en 1828 que les premiers **chemins de fer** ont été construits en

Fig. 17. — Tunnel.

France. Il y en a aujourd'hui 29 000 *kilomètres*, qui permettent des communications rapides entre toutes les villes importantes du pays. C'est aux commodités nouvelles procurées par les chemins de fer que sont dus les grands **développements** de l'industrie et du commerce pendant les cinquante dernières années.

263. **Construction.** — Les trains ne pourraient circuler s'il y avait des montées et des descentes rapides. Il faut percer les *montagnes* par des **tunnels** (fig. 17) ou franchir les *vallées* par des **viaducs** (fig. 18). La construction

Fig. 18. — Viaduc.

tion des chemins de fer *coûte* donc *très cher*. Cela explique pourquoi les chemins de fer appartiennent à de grandes **compagnies***.

264. **Actions, obligations.** — Supposons une ligne dont la construction doive coûter 100 millions. La compagnie qui projette de l'établir dit à cent mille personnes : « Donnez-moi chacune mille francs et vous aurez une part dans les bénéfices de l'entreprise. » Cette part est une **action**.

265. Si, plus tard, cette même compagnie a encore besoin d'argent, elle s'adresse de nouveau au public ; cette fois ce n'est plus une part dans l'entreprise qu'elle offre, c'est un *emprunt* qu'elle fait. Chaque part de cet emprunt est une **obligation**, qui rapporte un intérêt fixe : 5 p. 100 par exemple.

266. **Voyageurs.** — Pour le transport des voyageurs il y a : 1° des trains *express* ou *directs*, qui ne s'arrêtent qu'aux grandes stations et qui vont très vite ; — 2° des trains *omnibus*, qui s'arrêtent à toutes les stations.

267. **Marchandises.** — Pour le transport des marchandises, il y a, de même, les transports à *grande vitesse*, qui se font rapidement et coûtent plus cher, et les transports à *petite vitesse*, qui coûtent moins cher.

Les prix varient suivant la distance à parcourir.

268. **Réseaux.** — Il y a **six** *grandes compagnies* exploitant chacune son *réseau**. Les six grands réseaux sont : le réseau du *Nord*, — de l'*Est*, — de *Paris à Lyon et à la Méditerranée*, — d'*Orléans*, — de l'*Ouest*, — du *Midi*. — L'*État* possède aussi quelques lignes

269. Les chemins de fer français, sauf ceux du *Midi* ont, comme on l'a vu, leur centre à **Paris**, qu'ils relient aux diverses villes du pays.

270. Les chemins de fer mettent également Paris et la France en relation avec tous les États de l'*Europe continentale*.

271. **Chemins de fer du Nord.** — Le réseau du **Nord** comprend principalement : 1° La ligne de Paris-**Amiens**-Boulogne-**Calais**, qui correspond par mer avec l'Angleterre ; — 2° la ligne de Paris-**Amiens**-Arras-Douai-**Lille** et Anvers (Belgique) ; — 3° la ligne de Paris-**Amiens**-Arras-Douai-Valenciennes, Bruxelles (Belgique) et Amsterdam (Hollande) ; — 4° la ligne de Paris-Creil-**Saint-Quentin**-*Maubeuge*, Namur (Belgique), Berlin (Prusse), et Saint-Pétersbourg (Russie).

272. **Chemins de fer de l'Est.** — Le réseau de l'**Est** comprend principalement : 1° la ligne de Paris-Châlons-Bar-le-Duc-**Nancy**-Avricourt, **Strasbourg** (Alsace), Vienne (Autriche) et Constantinople (Turquie) ; — 2° la ligne de Paris-Troyes-Chaumont-Vesoul-**Belfort**, **Mulhouse** (Alsace), et Vienne (Autriche).

273. **Chemins de fer de Paris-Lyon-Méditerranée.** — Le réseau de **Paris-Lyon-Méditerranée** comprend principalement : 1° la ligne de Paris-Melun-**Dijon**-Macon-**Lyon**-Valence-Avignon-**Marseille**, qui correspond par mer avec l'Algérie, la Réunion et la Chine. La ligne de Paris à Marseille a les prolongements suivants : de Dijon à Lausanne (Suisse), Berne (Suisse) et Milan (Italie), par le tunnel du **Saint-Gothard** ; de Lyon à Genève (Suisse) ; de Lyon, par le tunnel du **mont Cenis***, à Rome et Naples (Italie) ; de Marseille, par Nice, à Gênes (Italie) ; — 2° la ligne de Paris-Melun-**Nevers**-Moulins-Clermont-Nîmes-**Marseille** ou *Cette*.

274. **Chemins de fer d'Orléans.** — Le réseau d'**Orléans** comprend principalement : 1° la ligne de Paris-**Orléans**-Châteauroux-**Limoges**-**Toulouse** ; — 2° la ligne de Paris-**Orléans**-Blois-Tours-Poitiers-Angoulême-**Bordeaux**, qui correspond par mer avec le Sénégal (Afrique), le Brésil et la Plata (Amérique du Sud) ; — 3° la ligne de Paris-**Orléans**-Blois-Tours-Angers-**Nantes** et Saint-Nazaire, qui correspond par mer avec l'Amérique centrale.

275. **Chemins de fer de l'Ouest.** — Le réseau de l'**Ouest** comprend principalement : 1° la ligne de Paris-**Rouen**-**le Havre**, qui correspond par mer avec l'Angleterre et New-York (États-Unis) ; — 2° la ligne de Paris-Évreux-**Caen**-**Cherbourg** ; — 3° la ligne de Paris-Versailles-Chartres-**le Mans**-Laval-**Rennes**-Saint-Brieuc-**Brest**.

276. **Chemins de fer du Midi.** — Le réseau du **Midi** comprend principalement : 1° la ligne de **Bordeaux**-Agen-Montauban-**Toulouse**-Carcassonne-Narbonne-**Cette** ; — 2° la ligne de **Bordeaux** à **Bayonne**, qui se prolonge vers Madrid (Espagne) et Lisbonne (Portugal).

277. **Chemins de fer de l'État.** — L'État possède les lignes de **Nantes** à **Bordeaux** par la Rochelle ; — de **Tours** aux **Sables-d'Olonne** ; — **d'Orléans** à **Châlons-sur-Marne** par Sens et Troyes.

TÉLÉGRAPHES

278. On a tendu le long des routes et des chemins de fer français, plus de **200 000 kilomètres** de fils télégraphiques, qui transmettent environ 25 *millions de dépêches par an*.

279. Le **télégraphe** transmet à toutes les distances les *communications écrites*. Le **téléphone*** transmet les *communications parlées*. Il y a une *ligne téléphonique* entre Rouen et le Havre.

Questions de Certificat d'études
(Voir la carte)

Devoir 72 [78]. — **1.** Par quelles villes passerait un voyageur qui irait en chemin de fer de Paris à Marseille ? — **2.** de Paris à Nancy ? — **3.** de Brest à Bar-le-Duc ? — **4.** de Paris à Lille ? — **5.** de Paris à Lyon ? — **6.** de Marseille à Dijon ? — **7.** de Cette à Bordeaux ? — **8.** de Bayonne à Tours ? — **9.** de Brest à Tours ? — **10.** de Toulouse à Orléans ? — **11.** de Calais à Paris ? — **12.** de Belfort au Havre ? — **13.** de Lille à Bayonne ? — **14.** de Brest à Nancy ? — **15.** de Tours à Bordeaux ? — **16.** de Nîmes à Dijon ? — **17.** de Limoges à Saint-Quentin ?

Devoir 73 [79]. **Exercice cartographique** (progr. de 188). — Tracez sur la carte *muette* de la France les principales lignes de chemins de fer avec les principales villes, jusqu'à ce que vous puissiez le faire de mémoire [1].

1. La liste des cartes muettes se trouve en regard de la page 1. — Pour l'enseignement collectif, voir la carte murale no 7, par M. Vidal-Lablache. 6 fr. 50.

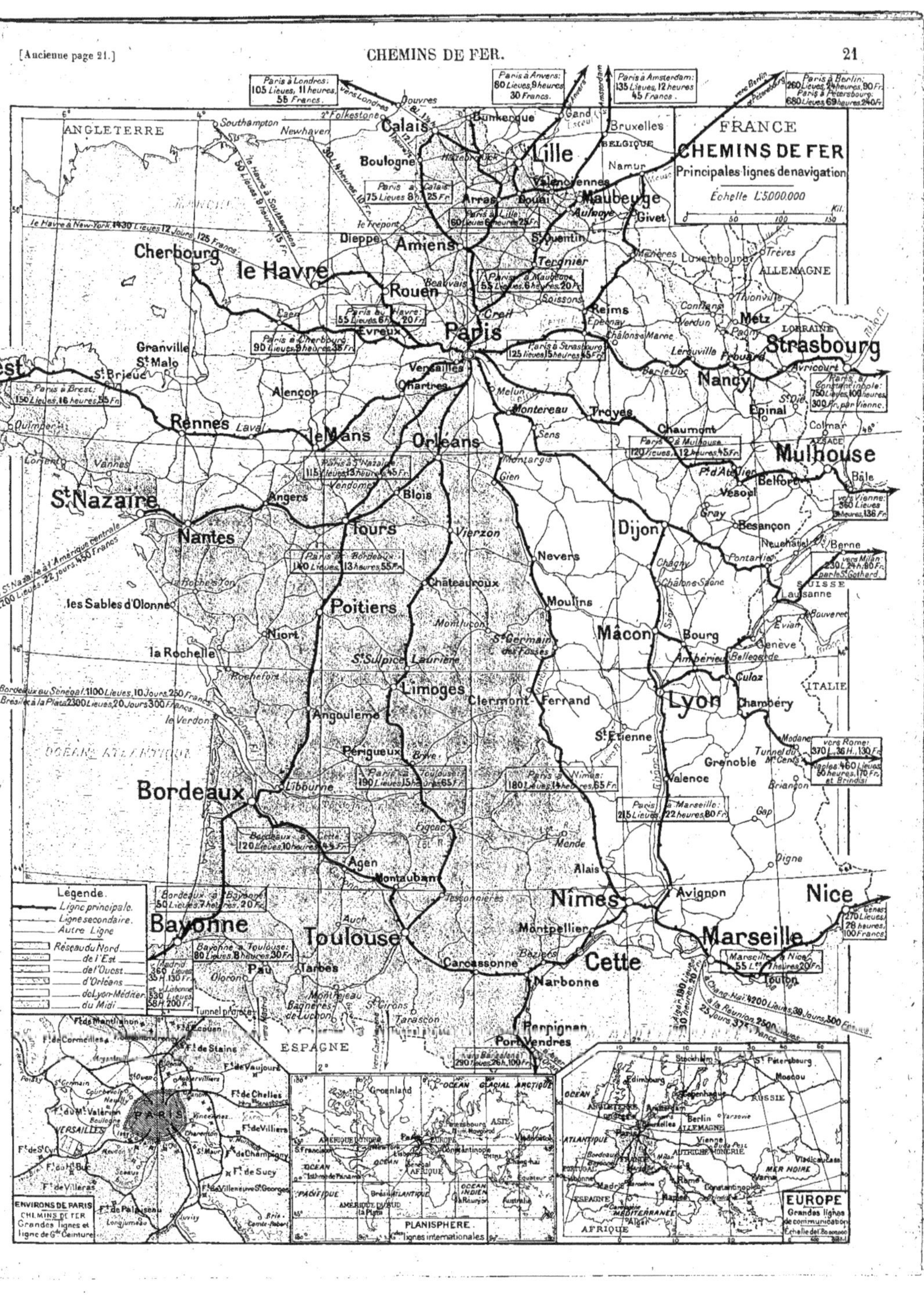
FRANCE
CHEMINS DE FER
Principales lignes de navigation
Échelle 1:5.000.000
Paris à Londres: 105 Lieues, 11 heures, 55 Francs.
Paris à Anvers: 80 Lieues, 9 heures, 30 Francs.
Paris à Amsterdam: 135 Lieues, 12 heures, 45 Francs.
Paris à Berlin: 260 Lieues, 24 heures, 90 Fr.
Paris à Pétersbourg: 680 Lieues, 69 heures, 240 Fr.
Paris à Calais: 75 Lieues 8 h. 25 Fr.
Paris à Lille: 60 Lieues 6 heures 25 Fr.
Paris à Maubeuge: 55 Lieues, 6 heures, 20 Fr.
Paris au Havre: 55 Lieues, 6 h. 20 Fr.
Paris à Cherbourg: 90 Lieues, 9 heures, 35 Fr.
Paris à Strasbourg: 125 lieues, 15 heures, 45 Fr.
Paris à Brest: 150 Lieues, 16 heures, 55 Fr.
Paris à Constantinople: 750 Lieues, 100 heures, 300 Fr. par Vienne.
Paris à Mulhouse: 120 Lieues, 12 heures, 45 Fr.
Paris à St Nazaire: 115 Lieues, 13 heures, 45 Fr.
Paris à Bordeaux: 140 Lieues, 13 heures, 55 Fr.
vers Vienne: 360 Lieues, 36 heures, 136 Fr.
vers Milan: 230 L. 24 h. 80 Fr. par le St Gothard.
le Havre à New-York: 1430 Lieues, 12 Jours, 125 Francs.
le Havre à Southampton: 50 Lieues, 8 heures, 15 Fr.
de St Nazaire à l'Amérique centrale: 2200 Lieues, 22 jours, 450 Francs
de Bordeaux au Sénégal: 1100 Lieues, 10 Jours, 250 Francs
au Brésil et à la Plata: 2300 Lieues, 20 Jours, 300 Francs.
Paris à Toulouse: 190 Lieues, 15 heures, 65 Fr.
Paris à Nîmes: 180 Lieues, 14 heures, 65 Fr.
Paris à Marseille: 215 Lieues, 22 heures, 80 Fr.
vers Rome: 370 L. 36 H. 130 Fr.
Naples: 460 Lieues, 50 heures, 170 Fr. et Brindisi
Bordeaux à Cette: 120 Lieues, 10 heures, 45 Fr.
Bordeaux à Bayonne: 50 Lieues, 7 heures, 20 Fr.
Bayonne à Toulouse: 80 Lieues, 8 heures, 30 Fr.
Madrid: 360 Lieues, 35 H. 130 Fr.
Lisbonne: 530 Lieues, 58 H. 200 Fr.
vers Barcelone: 290 Lieues, 26 h. 100 Fr.
Marseille à Nice: 55 L. 7 heures 20 Fr.
à Gênes: 270 Lieues, 28 heures, 100 Francs.
à Chang-Haï: 4200 Lieues, 39 Jours, 500 Francs
à la Réunion: 2500 Lieues, 25 Jours, 375 Francs
à Alger: 190 Lieues, 30 heures, 70 Fr.
Légende.
Ligne principale.
Ligne secondaire.
Autre Ligne
Réseau du Nord
de l'Est
de l'Ouest
d'Orléans
du Lyon-Méditer.
du Midi
ANGLETERRE
BELGIQUE
ALLEMAGNE
LORRAINE
ALSACE
SUISSE
ITALIE
ESPAGNE
OCÉAN ATLANTIQUE
Paris
Lille
Calais
Boulogne
Dunkerque
Amiens
Rouen
le Havre
Cherbourg
Dieppe
Arras
Douai
Valenciennes
Maubeuge
St Quentin
Tergnier
Reims
Nancy
Strasbourg
Metz
Mulhouse
Belfort
Bâle
Dijon
Besançon
Lyon
Mâcon
Genève
Chambéry
Grenoble
Valence
Avignon
Marseille
Nice
Toulon
Nîmes
Cette
Montpellier
Narbonne
Perpignan
Port Vendres
Carcassonne
Toulouse
Montauban
Agen
Bordeaux
Bayonne
Pau
Tarbes
Limoges
Périgueux
Poitiers
Tours
Orléans
Blois
Vierzon
Châteauroux
Nevers
Moulins
Clermont-Ferrand
St Étienne
le Mans
Rennes
Brest
Nantes
St Nazaire
Angers
Chartres
Versailles
Alençon
Evreux
Caen
Granville
St Malo
St Brieuc
Quimper
Lorient
Vannes
la Rochelle
les Sables d'Olonne
Niort
Angoulême
Libourne
Figeac
Troyes
Chaumont
Montereau
Melun
Épinal
Vesoul
Bourg
Culoz
Modane
Tunnel du Mt Cenis
Tunnel projeté
ENVIRONS DE PARIS
CHEMINS DE FER
Grandes lignes et ligne de Gde Ceinture
PLANISPHÈRE
Lignes internationales
EUROPE
Grandes lignes de communication

FRANCE

CANAUX

(*Suivre sur la carte.*)

280. Cours d'eau naturels. — Les *cours d'eau navigables* rendent de très grands services au commerce, parce que les bateaux transportent, à *meilleur marché que les chemins de fer*, les marchandises *encombrantes*, telles que la **houille**, les *minerais**, les pierres, le bois, le vin, etc.

281. Pour qu'un cours d'eau soit **navigable**, il faut qu'il soit *assez profond* et que son courant ne soit pas *trop rapide*.

282. Cours d'eau canalisés. — Pour rendre un cours d'eau navigable, on est souvent obligé de le **canaliser**, c'est-à-dire d'en *barrer* le cours de distance en distance (barrages). Les barrages ont pour effet d'*élever* le niveau de l'eau. Le passage d'un niveau à un autre se fait au moyen d'**écluses** (fig. 19).

Fig. 19. — Écluse.

283. La Seine est canalisée sur presque toute sa longueur.

284. Canaux latéraux. — Souvent, un cours d'eau, ne se prête pas à la construction de *barrages* et d'*écluses*. On construit alors un **canal latéral** (d'un mot latin qui signifie *sur le côté de*).

285. Les principaux canaux *latéraux* sont : le canal latéral à la **Loire** et le canal latéral à la **Garonne**.

286. Il arrive aussi qu'un cours d'eau est *trop sinueux;* pour abréger la navigation, on construit des *canaux* qui dispensent les bateliers de suivre les sinuosités. Tels sont, dans Paris, les canaux **Saint-Martin** et **Saint-Denis**, qui permettent aux bateaux d'arriver à *Saint-Denis*, en évitant le grand coude que fait la **Seine** en sortant de Paris (voir le carton, page 23).

287. Canaux de jonction. — Les canaux de **jonction** ont pour but, comme leur nom l'indique, de « joindre, » de mettre en communication plusieurs cours d'eau, séparés les uns des autres. Grâce à eux, un même bateau peut passer d'un fleuve à un autre et aller par exemple de la Seine au Rhin, ou de la Seine à la Loire.

288. Comme les chemins de fer, les canaux passent sous des montagnes au moyen de *tunnels*, ou bien ils franchissent des vallées, sur des ponts (aqueducs) (fig. 20).

Fig. 20. — Aqueduc*.

289. Les principaux canaux de jonction sont :

Les canaux de **Flandre**, entre la MER DU NORD, la LYS et l'ESCAUT ;

Le canal de la **Sambre à l'Oise**, qui relie la SEINE à la MEUSE par l'*Oise* et la *Sambre;*

Le canal de la **Somme** et le canal de **Saint-Quentin**, qui relient la SEINE à la SOMME, à l'ESCAUT et aux canaux de FLANDRE, par l'*Oise;*

Le canal des **Ardennes**, qui relie la SEINE à la MEUSE par l'*Oise* et l'*Aisne;*

Le canal de la **Marne au Rhin**;

Le canal de **Bourgogne**, qui relie la SEINE au RHÔNE par l'*Yonne* et la *Saône;*

Le canal du **Nivernais**, qui relie la SEINE à la LOIRE par l'*Yonne;*

Le canal du **Loing**, prolongé par le canal **d'Orléans** et par le canal de **Briare**, et qui fait communiquer la SEINE avec la LOIRE ;

Le canal du **Centre**, qui relie la LOIRE au RHÔNE par la *Saône;*

Le canal du **Languedoc** ou du **Midi**, qui, par la *Garonne*, relie l'ATLANTIQUE à la MÉDITERRANÉE ;

Le canal du **Rhône au Rhin**, par le *Doubs* et la *Saône;*

Le canal de l'**Est**, qui fait communiquer la MOSELLE avec la SAÔNE;

Les canaux du **Berry**, qui font communiquer le CHER avec la LOIRE;

Le canal d'**Ille-et-Rance**, qui fait communiquer la VILAINE avec la RANCE;

Le canal de **Nantes à Brest**, qui fait communiquer la BASSE LOIRE avec la VILAINE, le BLAVET et l'AULNE.

290. On remarquera : 1° que la **Seine** communique avec tous les fleuves qui l'avoisinent; — 2° que la *Garonne*, séparée des autres fleuves par le **Massif central**, ne communique avec eux que par le long détour du canal du *Midi*.

291. Presque tous les canaux *appartiennent à l'État*, qui les a construits. Ils n'ont pas tous la **même largeur** ni la **même profondeur**, ce qui est très gênant pour la navigation des grands bateaux.

NAVIGATION

292. Navigation maritime. — La navigation qui se fait sur la **mer** est bien plus importante que celle qui se fait sur les fleuves, les rivières et les canaux; c'est elle qui permet les relations entre la France et les **pays lointains**.

293. On appelle **marine marchande** [1], l'ensemble des navires destinés à transporter sur mer les voyageurs et les marchandises. Ces navires sont à *voiles* ou à *vapeur*.

(1) Pour la marine militaire, voir p. 28.

294. On distingue, dans la navigation maritime, le **cabotage** ou navigation **côtière**, qui se fait surtout de port français à port français, et la **navigation au long cours**, qui se fait entre la France et ses colonies ou entre la France et les pays étrangers.

295. Comparaison avec les marines étrangères. — Notre marine **marchande** est *huit fois moins importante* que celle de l'**Angleterre**. Elle est aussi dépassée par celle des *États-Unis*, de la Norvège, de l'Amérique anglaise (Canada), et de l'Allemagne.

296. Nos navires vont surtout chercher à l'étranger les **matières premières** nécessaires à notre industrie (coton, houille, etc.), et des objets importants d'alimentation, comme le blé, le café, etc. Ils emportent surtout les produits de nos fabriques (tissus, machines, meubles, etc.).

297. C'est parmi les équipages* de la *marine marchande* que sont recrutés la plupart des marins qui servent dans notre *marine militaire*.

298. Principaux ports. — Les principaux ports de commerce de France sont, par ordre d'importance : **Marseille**, le **Havre**, *Bordeaux*, *Nantes* et *Saint-Nazaire*. Viennent ensuite : Dunkerque, Boulogne, Dieppe, Calais, Cette, Nice, Bayonne.

299. Comparaison avec les ports étrangers. — Notre principal port, *Marseille*, est dépassé en activité par les ports *anglais* de **Londres**, **Liverpool** et **Newcastle**, le port *américain* de **New-York** et le port *allemand* de **Hambourg**.

300. En général, nos ports sont moins bien aménagés que les ports étrangers, surtout pour recevoir les **grands paquebots à vapeur**, plus nombreux de jour en jour. On exécute de grands travaux pour améliorer nos ports.

301. Commerce maritime. — Une grande partie du commerce maritime de la France est faite au moyen de *services réguliers*, organisés par des *Compagnies* analogues aux compagnies de chemins de fer.

302. Les principaux services *côtiers* sont ceux du Havre à Dunkerque, — de Cherbourg à Morlaix, — de Bordeaux à Nantes et au Havre, — de Marseille à Cette et à Nice. Ils n'ont qu'une importance secondaire.

303. Les services les plus importants sont ceux qui sont établis entre nos ports et les pays étrangers (voir page 47).

Questions de Certificat d'études.

(Voir la carte.)

Devoir 74 [77]. — **1.** Quelles rivières et quels canaux suivrait un bateau de marchandises qui irait de Paris à Amiens ? — **2.** de Paris à Gand ? — **3.** de Paris à Calais ? — **4.** de Paris à Nantes ? — **5.** de Paris à Dijon ? — **6.** de Melun à Orléans ? — **7.** de Nevers à Tours ? — **8.** d'Orléans à Lyon ? — **9.** de Strasbourg à Lyon ? — **10.** de Nantes à Saint-Malo ? — **11.** de Bordeaux à Cette ? — **12.** de Roanne à Rouen ? — **13.** Qu'appelle-t-on *marine marchande ?* — **14.** Qu'est-ce que la navigation au *cabotage ?* — **15.** Au *long cours ?* — **16.** Citez les ports de France par ordre d'importance. — **17.** Citez les principaux services de navigation côtière.

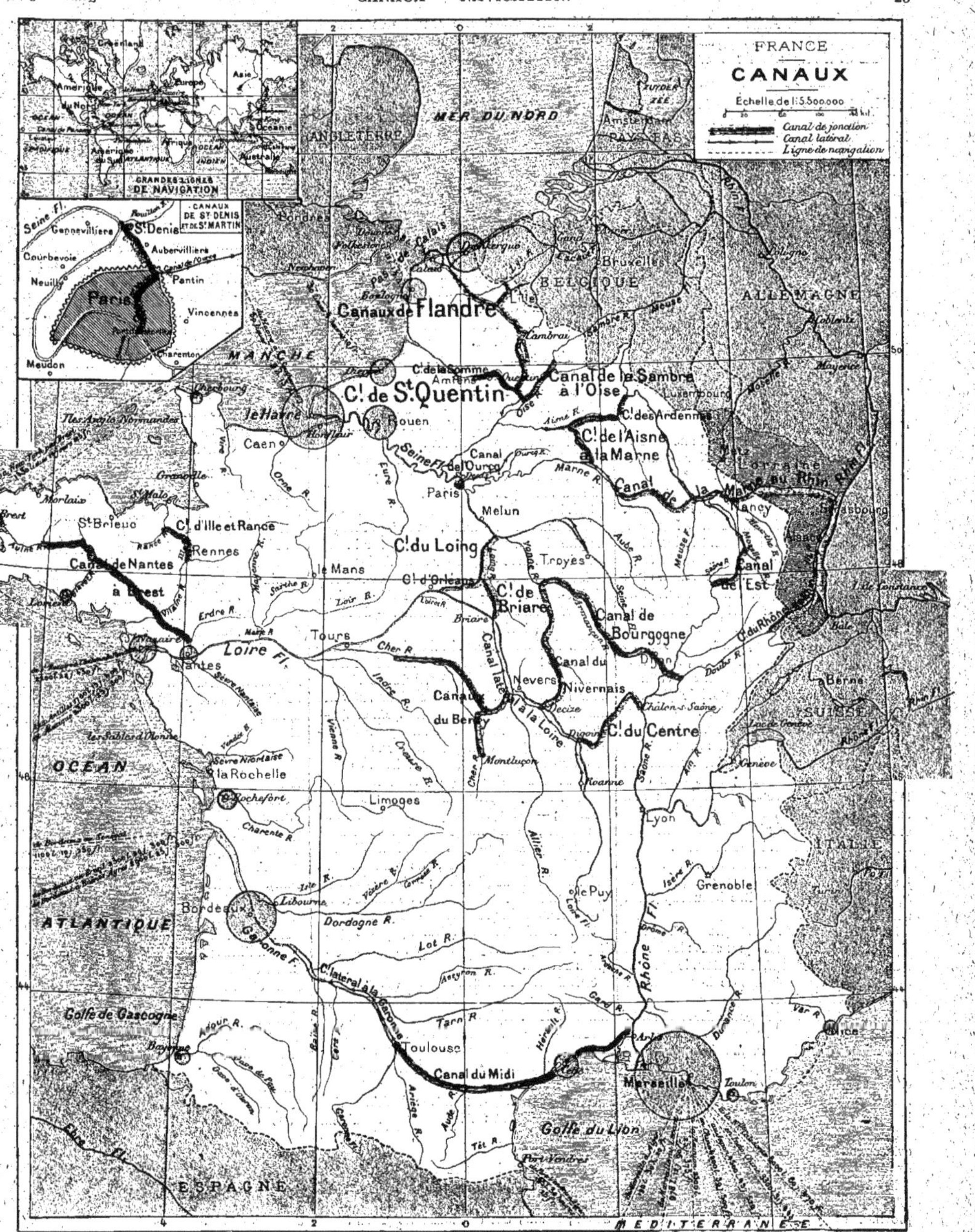
FRANCE
CANAUX
Échelle de 1:5.500.000
Canal de jonction
Canal latéral
Ligne de navigation
GRANDES LIGNES DE NAVIGATION
CANAUX DE ST DENIS ET DE ST MARTIN
St Denis
Gennevilliers
Aubervilliers
Courbevoie
Pantin
Neuilly
Paris
Vincennes
Charenton
Meudon
MER DU NORD
ANGLETERRE
PAYS-BAS
BELGIQUE
ALLEMAGNE
MANCHE
Canaux de Flandre
C. de la Somme
Cl. de St Quentin
Canal de la Sambre à l'Oise
Cl. des Ardennes
Cl. de l'Aisne à la Marne
Canal de la Marne au Rhin
Canal de l'Est
Canal de l'Ourcq
Cl. du Loing
Cl. d'Orléans
Cl. de Briare
Canal de Bourgogne
Canal du Nivernais
Canal latéral à la Loire
Canaux du Berry
Cl. du Centre
Cl. d'Ille et Rance
Canal de Nantes à Brest
Cl. du Rhône au Rhin
Cl. latéral à la Garonne
Canal du Midi
le Havre
Rouen
Caen
Paris
Melun
Troyes
Rennes
St Brieuc
le Mans
Tours
Nevers
Nantes
Loire Fl.
la Rochelle
Limoges
Lyon
Grenoble
Dijon
Bordeaux
Toulouse
Marseille
OCÉAN
ATLANTIQUE
Golfe de Gascogne
Golfe du Lion
ESPAGNE
SUISSE
ITALIE
MÉDITERRANÉE

FRANCE
*AGRICULTURE

(Suivre sur la carte.)

304. Céréales*. — Quoique la France soit obligée de faire venir beaucoup de céréales de l'étranger (*États-Unis, Russie, Inde*), c'est un des pays de l'Europe qui en produit le plus. Le **froment** ou **blé** réussit surtout au nord de Paris, entre la Seine et la Loire, et dans la vallée du Rhône ; — l'**orge** et le **seigle** sont cultivés dans les régions plus froides : en Lorraine, en Savoie, en Bretagne, sur le Massif central ; — le **maïs**, au contraire, est cultivé dans les départements plus chauds du bassin de la Garonne.

305. Vigne. — Les régions qui produisent le plus de **vigne** sont la **Champagne**, la **Bourgogne**, les environs de **Bordeaux**, la vallée du *Rhône*, les départements du *Languedoc* et la vallée de la *Garonne*.

306. Le **phylloxera*** a détruit beaucoup de nos vignobles et nous oblige à acheter des vins à l'*Espagne* et à l'*Italie*. — **L'Algérie** commence à nous en fournir aussi.

307. Cidre. — Les provinces du nord-ouest de la France, principalement la Normandie et la Bretagne, consomment du **cidre***.

308. Bière. — Les départements du nord et de l'est ont pour boisson habituelle la **bière***.

309. Cultures industrielles. — Les principales cultures industrielles sont le **lin** et le **chanvre**, avec lesquels on fabrique la *toile*, la batiste (toile fine), la toile à voiles, etc. ; — la **betterave**, cultivée surtout au nord de Paris, avec laquelle on fabrique du *sucre* ; — l'**olivier**, cultivé en Provence, l'**œillette**, ou pavot cultivé, avec laquelle on fabrique l'*huile à manger* ; — le **colza**, la **navette**, avec lesquels on fabrique l'*huile à brûler* ; — enfin le **tabac**, dont la culture n'est autorisée que dans vingt départements et en Algérie.

310. Prairies et pâturages. — Les **prairies** et les **pâturages** se trouvent : dans les pays voisins de la mer et très humides, comme la *Bretagne* et la **Normandie** ; dans ceux dont le sol n'est pas propre aux céréales ou aux cultures industrielles, comme la *Champagne* et le *Berry* ; dans les régions montagneuses, *Jura, Alpes*, **Pyrénées, Massif central**.

311. Forêts. — Les **forêts** se trouvent surtout dans les régions montagneuses ; le *déboisement* en a fait disparaître beaucoup trop, surtout dans les Alpes.

312. Animaux domestiques. — Les principaux animaux domestiques sont : le cheval, l'âne, le mulet, le bœuf, le mouton, le porc, la chèvre, les divers volatiles de basse-cour, le ver à soie, les abeilles.

313. Les principales races de **chevaux** sont : les chevaux *boulonnais, normands, percherons, limousins*, et les chevaux du *midi*.

314. Les principales races de **bœufs** et de vaches (races bovines) sont : les bœufs *flamands, normands, comtois*, du *Morvan*, du *Charolais*, les vaches *bretonnes*, etc.

315. Les principales races de **moutons** (races ovines) sont : les races *flamande, picarde, berrichonne, provençale*.

Les moutons mérinos à laine fine ont été introduits d'Espagne dans plusieurs de nos provinces et s'y propagent de plus en plus.

316. Les *vers à soie* sont élevés dans la vallée du Rhône, où l'on cultive le **mûrier**, dont la feuille les nourrit.

*INDUSTRIE

317. Houille. — Les plus importantes mines de **houille** sont aux environs de **Valenciennes** (*Nord* et *Pas-de-Calais*), et près de **Saint-Étienne** (*Loire* et *Rhône*) ; viennent ensuite les mines d'**Alais** (*Gard*), du **Creusot** (*Saône-et-Loire*), de **Commentry** (*Allier*).

318. La France ne produit que les **deux tiers** de la houille qu'elle consomme ; l'autre tiers vient d'*Angleterre*, d'*Allemagne* et de *Belgique*. — Les deux premiers de ces pays produisent **plus** de houille que la France ; le dernier presque **autant**.

319. Métaux. — Le minerai* de **fer** est assez abondant dans les départements de *Meurthe-et-Moselle*, de la Haute-Marne, du Cher, de l'*Ardèche*, etc. — Les autres pays de l'Europe, surtout l'Autriche et la **Suède**, sont plus riches en fer que la France.

320. Le sol de la France renferme aussi du *plomb*, de l'*étain*, du *zinc*, du *cuivre* ; mais ces minerais sont peu exploités *.

321. Industries métallurgiques. — Les usines (hauts fourneaux *, fonderies et forges) les plus importantes de France pour la préparation de la fonte, du fer et de l'acier, sont celles de *Lille* et ses faubourgs, — du **Creusot** (Saône-et-Loire), — de *Rive-de-Gier* (Loire), — de *Saint-Dizier* (Haute-Marne), — de *Fourchambault* (Nièvre).

322. A l'industrie métallurgique se rattachent : 1° la construction des **machines à vapeur** et des *machines-outils**, qui se fabriquent dans les forges déjà citées et dans les villes manufacturières (Paris, Lille, Lyon, etc.) ; — 2° la construction des *machines pour la marine de l'État* (Indret, près Nantes, arsenaux maritimes des cinq ports militaires), et *pour la marine marchande* (le Havre, Bordeaux, Nantes, la Ciotat près Marseille, la Seyne près Toulon) ; — 3° les *fonderies de canons* de Bourges (Cher), de Ruelle (Charente), de Tarbes (Hautes-Pyrénées) ; — 4° les fabriques d'*armes* de Saint-Étienne (Loire), de Châtellerault (Vienne), de Tulle (Corrèze) ; — 5° les *coutelleries* de Châtellerault (Vienne), de Thiers (Puy-de-Dôme), de Langres (Haute-Marne).

323. L'industrie métallurgique est plus importante en **Angleterre** et en *Allemagne* qu'en France.

324. Industries textiles. — Les principaux centres de fabrication de la **toile*** sont : Lille, Amiens, Lisieux, le Mans, Angers.

325. Les principaux centres de fabrication des **cotonnades** ou tissus de coton * sont : Rouen, Lille, Amiens, Saint-Quentin, Tarare (Rhône), Roanne (Loire).

326. Les principaux centres de fabrication de **dentelles** sont : Alençon, Caen, Bailleul (dentelle dite de *Valenciennes*), Calais (Saint-Pierre) le Puy.

327. Les principaux centres de fabrication des **tissus de laine*** sont : **Roubaix**, Fourmies (Nord), Amiens, Rouen, Louviers, Elbeuf, Sedan, Reims, Castres, Mazamet (Tarn).

328. Les principaux centres de fabrication des **tapis** sont : la manufacture nationale des **Gobelins**, à Paris, Aubusson, Beauvais et Nîmes.

329. Les principaux centres de fabrication des **tissus de soie*** sont **Lyon** pour les étoffes, et **Saint-Étienne** pour les rubans.

330. La **France** est le principal pays de l'Europe pour la fabrication des soieries ; pour les autres industries textiles, elle est dépassée par l'*Angleterre*.

331. Autres industries. — Les principaux centres de fabrication du **sucre*** sont : les départements du nord de la France, pour le sucre de *betterave* ; nos grands ports : Paris, Nantes, le Havre, etc., pour le sucre de *canne**. — **L'Allemagne** et l'*Autriche* fabriquent plus de sucre de betterave que la France.

332. Les **faïences** et les **porcelaines*** sont fabriquées principalement à **Limoges** (Haute-Vienne) et à la manufacture nationale de **Sèvres** (près Paris) ; — les glaces*, à **Saint-Gobain** (Aisne) ; — la cristallerie*, à **Baccarat** (Meurthe-et-Moselle).

*COMMERCE

IMPORTATION*

333. C'est avec l'**Angleterre**, la *Belgique*, l'*Allemagne* et les *États-Unis* que la France fait le commerce le plus actif.

334. *Plus de la moitié* du commerce extérieur de la France se fait **par mer**. L'importation * (4 milliards 1/2) l'emporte toujours sur l'exportation* (3 milliards 1/2) ; il en est de même aux *États-Unis* et dans *tous* les grands pays de l'Europe, sauf l'*Allemagne* et l'Autriche-Hongrie.

335. Produits alimentaires. — La France importe du **blé** des *États-Unis*, de la *Russie* et de l'*Inde* (aux Anglais) ; — elle achète du **vin** à l'Espagne et à l'Italie ; — du **sucre de canne** brut, du **café**, du **cacao** au *Brésil* ; — du **thé** à la *Chine* ; — des **épices** aux îles de la *Sonde* (aux Hollandais) ; — des **bestiaux** à l'*Allemagne* et à l'*Autriche*.

336. Matières premières*. — La France achète de la **houille** à l'*Angleterre*, à **la** *Belgique* et à l'*Allemagne* ; — du **fer** à l'*Espagne*, à la *Belgique*, à l'*Allemagne* et à l'*Algérie* (aux Français) ; — du **cuivre** à l'Algérie, au Chili et au Pérou ; — de l'**étain** à l'*Angleterre* et à la *Hollande* ; — du **plomb** à l'*Angleterre* et à l'*Espagne*.

337. La France achète du **coton** aux *États-Unis*, à l'*Inde* (aux Anglais) et à l'*Égypte* ; — du **lin** à la *Russie* ; — de la **soie** à l'*Italie*, à la *Chine* et au *Japon* ; — de la **laine** à l'*Australie* (aux Anglais), à la *Russie* et à l'*Angleterre*.

338. La France achète du **bois** en *Suède*, en *Autriche*, en *Amérique* ; — des **peaux brutes** en Turquie et dans l'Amérique du Sud ; — des **graines** et des **racines oléagineuses*** au *Sénégal* (aux Français), dans la *Guinée* et dans l'*Inde* (aux Anglais).

339. Objets fabriqués. — La France im-

NOTA. — Pour une étude complète de la Géographie économique de la France, voir la *Deuxième année de Géographie*, pages 94 et suivantes. — Voir aussi, pour l'enseignement collectif, la Carte murale n° 8, **parlante** au recto, **muette** au verso, par M. Vidal-Lablache. 6 fr. 50.

porte beaucoup de **tissus**, de **machines**, de **sucre de betterave**, qui lui viennent surtout d'*Angleterre*, d'*Allemagne* et des *États-Unis*.

EXPORTATION *.

340. Produits alimentaires. — La France vend beaucoup de **vin** aux pays du Nord (*Angleterre, Russie*, États-Unis) ; elle expédie en Angleterre des **bestiaux** et des produits de *ferme* (œufs, beurre, etc.).

341. Matières premières *. — La France exporte très peu de *matières premières*, puisqu'elle n'en produit pas assez pour son propre travail.

342. Objets fabriqués. — Au contraire, la France exporte beaucoup d'*objets fabriqués*, surtout des **tissus** et des **objets de luxe**, connus dans le monde entier sous le nom célèbre d'**articles de Paris**.

Spécimen de questions à faire sur cette carte **parlante** : — **1.** Que fabrique-t-on à *Rouen* ? — **2** à *Lille* ? — **3.** à *Tulle* ? etc. — **4.** Où fabrique-t-on des *cotonnades* ? — **5.** des *armes* ? — **6.** des *tapis* ? etc. — **7.** D'où nous vient la *houille* ? — **8.** le *sucre* ? — **9.** le *coton* ? etc. — **10.** Citez des *races d'animaux*, etc. (V. page 32, des **questions de Certificat d'études** sur la *France économique*.)

FRANCE

*ALGÉRIE

(Suivre sur la carte.)

343. Description. — Située en Afrique, en face de la France, l'Algérie en est aujourd'hui une *annexe* plutôt qu'une colonie. Elle est partagée en **trois départements**, nommés du nom de leur chef-lieu : **Alger**, *Oran*, Constantine.

344. L'Algérie est occupée par les massifs de l'**Atlas** compris entre la côte de la *Méditerranée* et le *désert du Sahara*. L'Atlas domine, en les entourant, des *plateaux* élevés couverts de *steppes** et de *lagunes** appelées **chotts**.

345. Le **climat** de l'Algérie est très chaud, mais en général très sain. La pluie n'y est pas abondante ; les rivières ne sont que des *torrents* temporaires, dont le plus long est le *Chéliff*.

346. Productions. — Aussi l'**agriculture** n'y est-elle vraiment prospère que le *long des côtes* de la Méditerranée, dans la région appelée le **Tell**, qui forme le versant nord du massif de l'Atlas. On y cultive beaucoup de *froment*, et on y plante des **vignes** qui feront la richesse du pays.

347. Sur les plateaux paissent de nombreux troupeaux de **moutons** ; on y récolte aussi une herbe appelée **alfa**, qui sert à fabriquer du papier et des cordages.

348. Les montagnes de l'Atlas renferment de riches gisements de **fer**, et des carrières de *marbres* précieux.

349. Commerce. — Le **commerce** de l'Algérie est déjà très important. Il se fait surtout avec la France, qui achète en Algérie du *blé*, des *moutons*, de l'*alfa*, des *minerais de fer*, et qui envoie en échange les produits de son industrie.

350. L'Algérie est déjà parcourue par 2000 kilomètres de **chemins de fer** qui ne tarderont pas à faire une ligne continue entre Oran et Tunis, en passant par Alger et Constantine.

351. Population et villes. — La population de l'Algérie se compose surtout d'indigènes (*Arabes et Kabyles*), au nombre de près de 3 millions. Mais il y a déjà près d'un demi-million d'Européens, dont **250000 Français** et plus de 100 000 *Espagnols*.

352. Les principales villes sont : **Alger** (70 000 hab.), grand port de commerce ; — **Oran** (60 000 h.), port habité par beaucoup d'espagnols ; — *Constantine* (40 000 hab.) ; sur un rocher, dans l'intérieur des terres ; — Boné (20 000 h.), port assez actif.

353. Tunisie. — L'établissement du *protectorat français* en **Tunisie** complète à l'est l'Algérie et lui donne la sécurité ; nous sommes également très influents dans le *Maroc*.

*COLONIES

354. Utilité des colonies. — Les peuples les plus puissants de l'Europe possèdent, dans les autres parties du monde, des territoires souvent très étendus qu'on appelle des **colonies**.

355. Ils en *exploitent** les richesses naturelles (coton, métaux, etc.), et ils y **envoient** les produits de leur industrie (cotonnades, outils, etc.). Leurs navires marchands et leurs navires de guerre y trouvent des *ports de relâche** *lointains*.

356. Colonies françaises. — Outre l'Algérie, la France possède en AFRIQUE : le Séné-

gal (200 000 h.) ; — les comptoirs de *Guinée* et du *Gabon* ; — l'île de la **Réunion** (200 000 h.), ch.-l. *Saint-Denis* et les petites îles de *Mayotte*, *Nossi-Bé*, *Sainte-Marie-de-Madagascar* ; — *Obok* et *Tadjourah*, près du golfe d'Aden.

357. En ASIE : les *cinq villes* françaises de l'*Inde* (300000 h.) : **Pondichéry**, *Chandernagor*, *Yanaon*, *Karikal*, *Mahé* ; — la **Cochinchine française** (1 600 000 h.), ch.-l. *Saïgon* ; — le **Tonkin** (15 000 000 h.), ch.-l. *Ha-noï*.

358. En OCÉANIE : la **Nouvelle-Calédonie** (70 000 h.), ch.-l. *Nouméa* ; — les îles *Taïti* et *Marquises* (30 000 h.).

359. En AMÉRIQUE : les petites îles *Saint-Pierre* et *Miquelon* ; — dans les petites Antilles : la **Martinique** (170 000 h.), ch.-l. *Basse-Terre* ; la **Guadeloupe** et les petites îles qui en dépendent (200 000 h.), ch.-l. *Fort-de-France* ; — sur le continent : la *Guyane* (30 000 h.), ch.-l. *Cayenne*.

PROTECTORATS

360. Protectorats français. — Le Protectorat français s'exerce en AFRIQUE : 1° Sur la régence de **Tunis** (1 500 000 h.), cap. *Tunis* (125 000 h.), à la frontière orientale de l'Algérie ;

2° Sur de petits États nègres voisins du *Sénégal*, du *Gabon* et du **Congo** ;

3° Sur les royaumes *Sakalaves* des côtes de **Madagascar**.

361. En ASIE : Sur l'empire d'**Annam** (6 000 000 h.), cap. *Hué* (30 000 h.) et sur le royaume du **Cambodge** (900 000 hab.).

LA FRANCE AU DEHORS

362. Les Français à l'étranger. — Ce n'est pas seulement par ses colonies et ses protectorats que la France étend son influence au delà de ses frontières : les Français forment dans divers pays des *groupes assez nombreux* qu'il est utile de connaître.

363. En EUROPE, les Français sont très nombreux à **Barcelone, Londres**, *Madrid*, *Moscou*, *Turin*, etc.

364. En AFRIQUE, il y a de très importantes colonies françaises à **Alexandrie**, au **Caire**, à *Port-Saïd*.

365. En AMÉRIQUE, il en est de même à **New-York**, à *San-Francisco*, dans l'*Uruguay*, et surtout dans la **Confédération** ou **République argentine**.

366. La langue française à l'étranger. — Notre langue est très répandue chez les personnes instruites des pays slaves (*Russie*, *Bohême*), de la *Roumanie*, de la Grèce, de l'Espagne, et parlée couramment chez les populations chrétiennes du **Liban** (Maronites).

367. Elle est demeurée la langue de quelques-unes de nos anciennes colonies, comme *Maurice* (aux Anglais), les *Antilles anglaises*, et surtout le **Canada** (aux Anglais), où se trouvent plus de **deux millions** de *véritables français*.

368. Enfin, à nos portes, elle est la langue officielle de la **Belgique** et d'une grande partie de la **Suisse**.

Questions de Certificat d'études.

(Voir la carte.)

***Devoir 75.** — **1.** Citez de l'ouest à l'est les *villes* importantes du littoral de l'Algérie. — **2.** Citez les principales *villes* dans l'intérieur. — **3.** Comment appelle-t-on la bande fertile entre la mer et l'Atlas ? — **4.** Qu'est-ce qu'une *lagune** ? — **5.** Quel nom donne-t-on aux lagunes en Algérie ? — **6.** Quel est le caractère des *cours d'eau* de l'Algérie ? — **7.** Citez le principal. — **8.** Quelle est la *population* de l'Algérie ? — **9.** Comment se décompose-t-elle ? — **10.** Citez les *principales villes* de la Tunisie. — **11.** Quels sont les trois *départements* de l'Algérie ? — **12.** Quelle est la *distance* de Marseille à Alger ? — **13.** de Port-Vendres à Oran ? — **14.** de Marseille à Philippeville ? — **15.** Quelle est la *durée* moyenne de la traversée ? — **16.** — En face de quel pays se trouve l'Algérie ? — **17.** Quel est la *mer* qui les sépare ? — **18.** Quels *produits* la France envoie-t-elle en Algérie ? — **19.** Quels *produits* en reçoit-elle ?

***Devoir 76.** — **1.** Est-il utile à un pays d'avoir des colonies ? — **2.** Pourquoi ? — **3.** Quelle est la nature des *échanges* entre une métropole* et ses colonies ? — **4.** Dans quelles *parties du monde* sont situées : la Guyane ? — **5.** Le Sénégal ? — **6.** la Guadeloupe ? — **7.** la Martinique ? — **8.** la Réunion ? — **9.** les comptoirs de l'Inde ? — **10.** la Cochinchine ? — **11.** la Nouvelle-Calédonie ? — **12.** l'Algérie ? — **13.** Dans quels *pays* parle-t-on la langue française ?

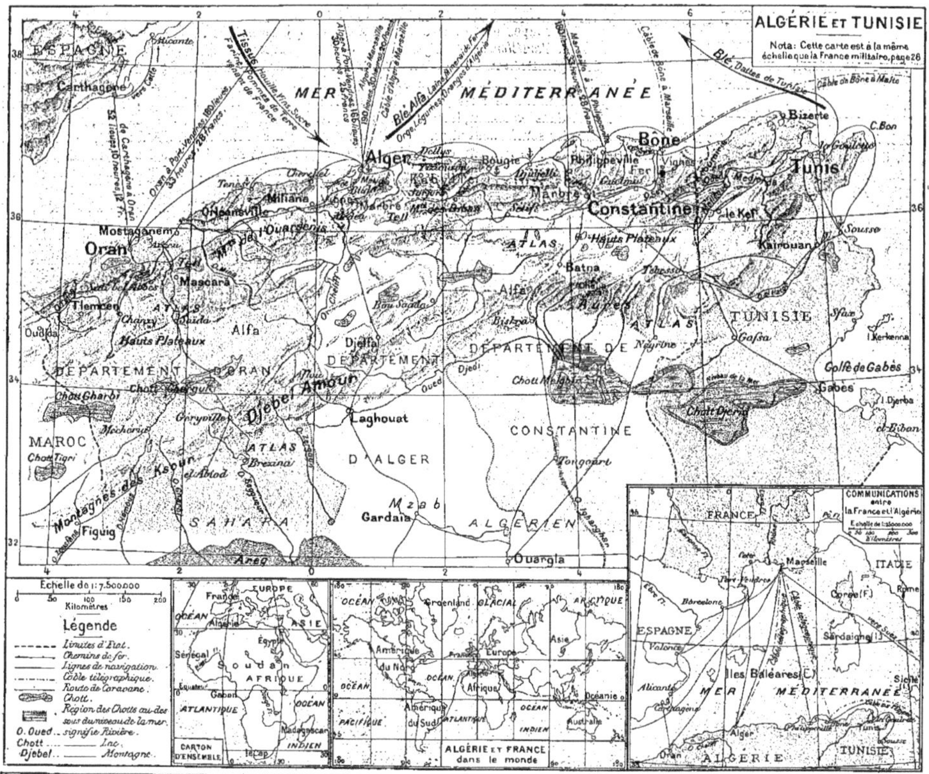

ALGÉRIE ET TUNISIE

Nota : Cette carte est à la même échelle que la France militaire, page 26.

MER MÉDITERRANÉE
ESPAGNE
Alicante
Carthagène
Alger
Dellys
Bougie
Djidjelli
Philippeville
Bône
Bizerte
C. Bon
La Goulette
Tunis
Tenès
Cherchel
Miliana
Orléansville
Mostaganem
Oran
Mascara
Tlemcen
Ouarsenis
Médéa
Sétif
Constantine
Le Kef
Sousse
Kairouan
Batna
Biskra
Hauts Plateaux
Alfa
ATLAS
Aurès
TUNISIE
Sfax
I. Kerkenna
Golfe de Gabès
Gabès
I. Djerba
Gafsa
Nefta
Chott Djerid
Chott Melghir
Djelfa
Bou Saâda
Laghouat
Djebel Amour
Géryville
Chott Chergui
Chott Gharbi
DÉPARTEMENT D'ORAN
DÉPARTEMENT D'ALGER
DÉPARTEMENT DE CONSTANTINE
Ouargla
Touggourt
Gardaïa
Mzab
SAHARA ALGÉRIEN
Areg
Figuig
MAROC
Chott Tigri
Montagnes des Ksour
Brezina
Ouida
Saïda
Câble Bône à Malte
Câble de Bône à Marseille

Échelle du 1 : 7.500.000
0 50 100 150 200 Kilomètres

Légende

- Limites d'État.
- Chemins de fer.
- Lignes de navigation.
- Câble télégraphique.
- Route de Caravane.
- Chott.
- Région des Chotts au-dessous du niveau de la mer.
- O. Oued ... signifie Rivière.
- Chott ... Lac.
- Djebel ... Montagne.

CARTON D'ENSEMBLE
EUROPE
France
Algérie
ASIE
Égypte
Sénégal
Soudan
AFRIQUE
Gabon
ATLANTIQUE
OCÉAN INDIEN
Madagascar

ALGÉRIE ET FRANCE dans le monde
OCÉAN GLACIAL ARCTIQUE
Groenland
Amérique du Nord
Europe
Asie
Afrique
Amérique du Sud
OCÉAN ATLANTIQUE
OCÉAN PACIFIQUE
OCÉAN INDIEN
Océanie
Australie

COMMUNICATIONS entre la France et l'Algérie
Échelle de 1:15.000.000
FRANCE
Marseille
Port-Vendres
Barcelone
ESPAGNE
Valence
Alicante
Carthagène
Îles Baléares
MER MÉDITERRANÉE
ITALIE
Rome
Corse
Sardaigne
Sicile
Alger
Oran
ALGÉRIE
TUNISIE

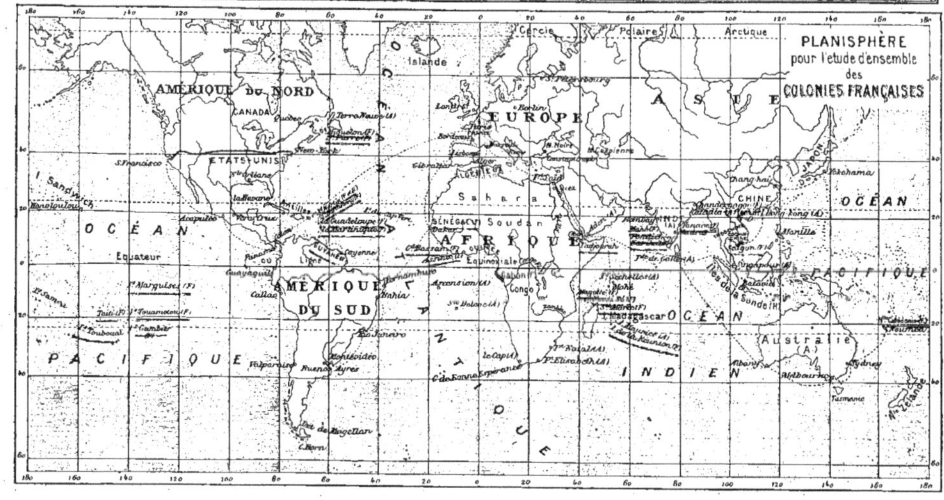

FRANCE
*DÉFENSE MILITAIRE

(*Suivre sur la carte.*)

ARMÉE DE TERRE.

369. Service militaire. — Tous les Français, depuis 20 ans jusqu'à 40 ans, sont tenus de concourir à la défense de la **patrie**; ils font partie de **l'armée active** pendant *cinq ans;* de la *réserve* de l'armée active pendant *quatre ans;* — de **l'armée territoriale** pendant *cinq ans*, de la *réserve* de l'armée territoriale pendant *six ans*.

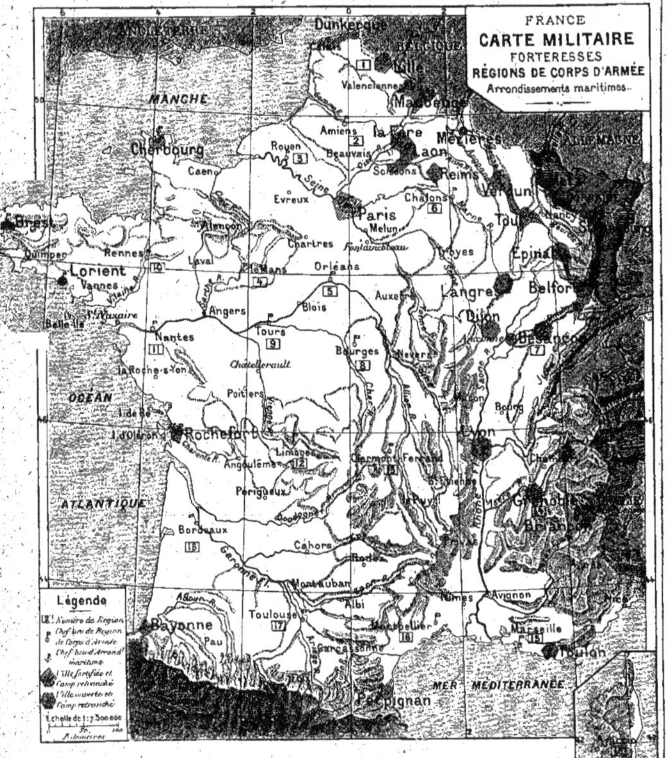

FRANCE
CARTE MILITAIRE
FORTERESSES
RÉGIONS DE CORPS D'ARMÉE
Arrondissements maritimes.

370. En cas de guerre, *l'armée active* doit comprendre 700 000 hommes; la *réserve de l'armée active*, 500 000 hommes; *l'armée territoriale*, 600 000 hommes; la *réserve de l'armée territoriale*, 600 000 hommes. **Total :** 2 400 000 hommes.

371. La France est divisée en **18 régions militaires**, dont chacune renferme un *corps d'armée*. Le général commandant le corps d'armée réside dans le chef-lieu de la région militaire.

372. L'armée française se compose de *gendarmerie*, d'**infanterie** (troupes à pied), de **cavalerie** (troupes à cheval) et des armes spéciales de l'*artillerie* * et du *génie* *.

373. Qualités militaires des Français. — Les Français ont toujours eu de grandes qualités militaires; les principales sont leur *ardeur* dans le combat, leur *force de résistance* contre les souffrances physiques. Il faut conserver précieusement cet héritage de nos pères, en y ajoutant l'**esprit de discipline** et la **science militaire**.

374. Défense des frontières. — Les frontières de la France sont défendues par des villes entourées de remparts * ou de *forts* * (camps retranchés).

375. Les points qu'il est important de défendre sont principalement les *cols* des montagnes (le *col* de Genèvre dans les Alpes, défendu par Briançon); — les passages entre deux massifs voisins (trouée de Belfort); — les *vallées* et le *cours* des fleuves (*Meuse, Moselle*); — les grandes *routes nationales* qui se dirigent toutes vers Paris. — Les lignes de *chemins de fer*, et principalement les gares de *bifurcation*, ont aussi une importance capitale, surtout parce qu'elles assurent le transport rapide des troupes, de leurs munitions et de leurs approvisionnements.

376. La frontière du nord-est, dégarnie de défenses naturelles (montagnes, grands fleuves), est protégée par un grand nombre de places fortes, parmi lesquelles on distingue : *Dunkerque*, **Lille**, *Valenciennes*, *Maubeuge*.

Les places fortes de *Mézières*, *Verdun*, *Toul*, *Épinal*, sont échelonnées le long de la Meuse et de la Moselle et protègent les routes de l'*Aisne*, de la *Marne* et de la *Seine*.

377. La frontière de l'est et du sud-est, déjà protégée par le *Jura* et par les **Alpes**, est en outre couverte par différentes places de guerre : **Belfort**, qui défend le passage entre les Vosges et le Jura; **Besançon**, **LYON**, **Grenoble**, **Briançon**.

378. En seconde ligne, les places fortes de *la Fère*, *Laon*, *Reims*, *Langres* et *Dijon*, forment une nouvelle défense autour du **grand camp retranché de PARIS**.

379. La frontière du sud-ouest est protégée par les **Pyrénées**, infranchissables vers le centre, et fermées aux deux extrémités par les places fortes de *Bayonne* et de *Perpignan*.

380. D'ailleurs la meilleure défense de la France est moins l'enceinte de ses forteresses que la **bravoure**, la **discipline** et le **patriotisme** de ses enfants.

MARINE MILITAIRE.

381. Flotte. — On appelle *flotte* la réunion de tous les **vaisseaux de guerre** : cuirassés *, frégates *, croiseurs *, garde-côtes *, avisos *, canonnières *, torpilleurs *, transports *. La flotte a été créée pour défendre nos côtes, nos colonies * et protéger notre commerce maritime. Elle prend part, avec l'armée de terre, aux guerres que le pays peut avoir à soutenir.

382. Inscription maritime. — Tous les gens de mer, c'est-à-dire tous ceux qui se livrent à la pêche ou à la navigation, sont *inscrits* sur des registres spéciaux et peuvent être appelés à servir dans la marine militaire depuis l'âge de 18 ans jusqu'à 50. C'est ce qu'on appelle l'**inscription maritime**. En temps de paix les inscrits maritimes servent 3 ans.

383. Armée de mer. — L'armée de mer comprend environ 40 000 marins, et une petite armée de 20 000 hommes (infanterie et artillerie de marine), qui fait le service des colonies et des ports militaires.

384. Ports militaires. — Les ports militaires sont ceux où l'on construit, et où l'on arme les navires de guerre. (Arsenaux *, ateliers de construction, cales de radoub *, etc.)

La France a cinq grands ports militaires qui sont : *Cherbourg*, **Brest**, *Lorient*, *Rochefort*, **Toulon**.

385. Forts côtiers. — Il y a en outre sur différents points des côtes, et surtout aux abords des grands ports de commerce, des forts destinés à participer avec la flotte à la défense du littoral.

386. Dépenses militaires de la France. — La France est un des pays qui dépensent le plus d'argent pour son **armée** et sa **marine** : elles lui coûtent tous les ans près de **UN MILLIARD** *. C'est une lourde charge qu'il faut supporter avec **patriotisme**, en pensant que de nombreux ennemis nous entourent.

* ALSACE-LORRAINE

(Suivre sur la carte.)

387. Historique. — Après la malheureuse guerre de 1870, nous avons perdu presque **toute l'Alsace** (moins Belfort) et la partie septentrionale de la **Lorraine**, c'est-à-dire la valeur de trois départements, avec une population de 1 600 000 habitants.

388. L'Alsace avait été réunie à la France par le traité de *Westphalie*, sous Louis XIV (1648); la Lorraine, sous Louis XV, en 1766.

389. La **Révolution française** y effaça tous les souvenirs antérieurs à la réunion, et en fit deux des plus **patriotiques provinces** de la France.

390. Strasbourg, près du *Rhin*, et **Metz,** sur la *Moselle*, étaient devenues nos deux places fortes principales contre l'Allemagne.

391. Ce que la France a perdu. — Après la Flandre, l'**Alsace,** formée des départements du *Haut-Rhin* et du *Bas-Rhin*, était la région de France où l'*agriculture* était **le plus perfectionnée** et le plus **prospère.**

392. En outre, il s'était formé dans le *Haut-Rhin*, autour de **Mulhouse,** un des districts industriels de France les plus importants, surtout pour **le tissage** du *coton.*

393. L'ensemble des deux pays cédés à l'Allemagne était si peuplé, quoique les montagnes des Vosges en couvrissent une partie, que, si la France entière était peuplée dans la même proportion, elle aurait 20 *millions* d'habitants de plus.

394. Ainsi en perdant l'Alsace-Lorraine, nous avons perdu une des parties de la France **les plus riches** de toutes les façons.

395. Nous avons perdu en même temps la **frontière du Rhin** avec sa citadelle de Strasbourg, la grande place de Metz qui protégeait toute la Lorraine: ces deux villes sont devenues des *camps retranchés allemands* et sont maintenant une menace pour nous.

396. Il a fallu construire pour notre défense de nouvelles places fortes sur la Moselle et sur la Meuse (*Épinal, Toul, Verdun*), et Paris se trouve bien plus près de la nouvelle frontière que de l'ancienne.

397. Fidélité des Alsaciens-Lorrains à la France. — Mais le plus triste à penser, c'est que la force a détaché de la France ceux de ses enfants qui *l'aimaient le mieux.*

398. Les Alsaciens-Lorrains **protestent** toujours contre leur annexion à l'Allemagne.

399. La plupart de leurs enfants *viennent en France* pour ne pas devenir des soldats allemands.

400. Aussi les Alsaciens-Lorrains sont-ils soumis par les conquérants à un régime qui leur enlève toute liberté.

401. Malgré l'*immigration* * de beaucoup d'Allemands, surtout à Metz, la population de l'Alsace-Lorraine diminue et, en même temps, la richesse générale du pays.

402. Le malheur et la *fidélité* des Alsaciens-Lorrains doivent nous les faire aimer comme de véritables Français et plus que tous les autres Français.

403. Et si nous retrouvons un jour assez de force pour battre les Allemands à notre tour, ce sera une grande joie que le retour à la patrie des provinces dont on lui a enlevé le territoire, mais dont le cœur lui appartient toujours.

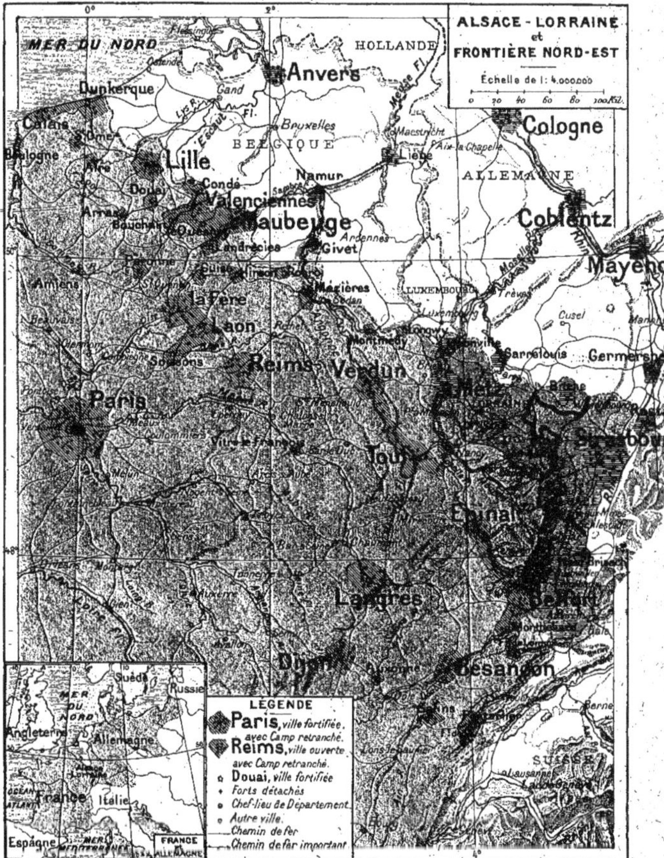

Questions de Certificat d'études.

(Voir la carte.)

***Devoir 77.** — **1.** Quelle est la durée du service militaire en France? — **2.** De quelles armes se compose l'armée française? — **3.** Quelles sont les fonctions de l'*artillerie* *? — **4.** Quelles sont les fonctions du *génie* *? — **5.** A quel grade * peut être promu un simple soldat après six mois de service? — **6.** Quels sont les différents grades * des sous-officiers? — **7.** des officiers proprement dits? — **8.** des officiers supérieurs? — **9.** des officiers généraux? — **10.** Qu'est-ce qu'une *ville forte?* — **11.** Citez, en consultant la carte, les *villes fortes* qui défendent la France au nord-est. — **12.** à l'est et au sud-est. — **13.** au sud-ouest.

***Devoir 78.** — **1.** Citez les *places fortes* qui forment une ligne de défense plus rapprochée de Paris? — **2.** Quel est le grand *camp retranché* qui forme le cœur de la résistance nationale? — **3.** Quelle est la *ville* qui protège la France entre les Vosges et le Jura? — **4.** Citez une *ville forte* à la partie orientale des Pyrénées. — **5.** à la partie occidentale. — **6.** Dans quel but a été créée la marine *militaire?* — **7.** Quels sont les différents grades * des officiers de marine? — **8.** Qu'est-ce que l'*Inscription maritime?* — **9.** Qu'appelle-t-on *port militaire?* — **10.** Quels sont les cinq ports militaires de France?

Questions de Certificat d'études

(Voir la carte.)

***Devoir 79.** — **1.** Depuis quand l'Alsace appartenait-elle à la France? — **2.** la Lorraine? — **3.** Quelle était la *population* de ces pays? — **4.** Quelles étaient les deux *villes fortes* qui nous protégeaient contre l'Allemagne? — **5.** Quel était l'état de l'*agriculture* en Alsace? — **6.** Quel grand *centre industriel* s'était-il formé en Alsace? — **7.** Combien la France aurait-elle d'*habitants* si elle était aussi peuplée que l'Alsace-Lorraine? — **8.** Quelles *places fortes* a-t-il fallu construire pour remplacer Metz et Strasbourg? — **9.** Quels sont les sentiments des Alsaciens-Lorrains à l'égard de l'Allemagne? — **10.** à l'égard de la France? — **11.** Quels doivent être nos sentiments à l'égard des Alsaciens-Lorrains?

FRANCE
PROVINCES EN 1789

(*Suivre sur la carte.*)

404. Historique. — La France n'est divisée en *départements* que depuis 1790 ; auparavant elle était partagée en 33 *provinces* ou *gouvernements*.

405. Ces gouvernements étaient fort *inégaux*. Il y en avait de **tout petits** comme l'*Aunis*, et **d'immenses** comme le *Languedoc* ou la *Guyenne* et *Gascogne*.

406. En conservant les vieilles limites des provinces, on avait aussi laissé subsister leur *esprit particulier*, et les souvenirs du passé entretenaient d'anciennes hostilités qui **nuisaient au patriotisme général.**

407. C'est surtout pour cela qu'à l'époque de la **Révolution** on remplaça les *provinces* par la division en *départements*.

408. Aux trente-trois provinces qui formaient le royaume de France en 1790, se sont ajoutés depuis, le **Comtat Venaissin**, la **Savoie** et le **Comté de Nice.**

PROVINCES DU NORD-OUEST.

409. La **Flandre,** cap. *Lille ;* conquise sur les Espagnols par Louis XIV (1668), a formé le dép. du *Nord*.

410. L'Artois, cap. *Arras ;* conquis sur les Espagnols par Louis XIII et réuni par traité sous Louis XIV (1659), a formé le dép. du *Pas-de-Calais*.

411. La **Picardie,** cap. *Amiens ;* réunie sous Louis XI (1477), a formé le dép. de la *Somme*.

412. L'Ile-de-France, cap. *Paris ;* domaine royal de Hugues Capet (987), et **berceau** de la monarchie française, a formé cinq dép. : l'*Oise*, l'*Aisne* (1), la *Seine-et-Oise*, la *Seine*, et la *Seine-et-Marne*.

413. La **Normandie,** cap *Rouen ;* confisquée par Philippe II Auguste, sur Jean sans Terre (1204), a formé cinq dép. : la *Seine-Inférieure*, l'*Eure*, l'*Orne*, le *Calvados*, et la *Manche*.

414. Le **Maine,** cap. *le Mans ;* réuni par héritage d'abord sous Louis XI, puis sous Henri III (1584), a formé les deux dép. de la *Sarthe* et de la *Mayenne*.

415. L'Anjou, cap. *Angers ;* réuni par héritage sous Louis XI (1480), a formé le dép. de *Maine-et-Loire*.

416. La **Bretagne,** cap. *Rennes ;* réunie par mariage sous Charles VIII et définitivement sous François Ier (1532), a formé cinq dép. l'*Ille-et-Vilaine*, la *Loire-Inférieure*, les *Côtes-du-Nord*, le *Morbihan* et le *Finistère*.

PROVINCES DU NORD-EST.

417. La **Champagne,** cap. *Troyes ;* réunie par mariage sous Philippe IV le Bel (1285), a formé quatre dép. : les *Ardennes*, la *Marne*, l'*Aube* et la *Haute-Marne*.

1. Les limites des départements concordent rarement avec celles des anciennes provinces ; ainsi l'*Oise* et l'*Aisne* sont situés partie dans l'Ile-de-France, partie dans la Picardie. Lorsque ce fait se présente, on considère comme appartenant à une province le département dont le chef-lieu est situé dans cette province.

418. La **Lorraine,** cap. *Nancy ;* unie par traité sous Louis XV (1766), et perdue en partie (un tiers) en 1871, a formé quatre dép. : la *Meuse*, la *Meurthe* (perdue en partie), la *Moselle* (perdue en partie), et les *Vosges*.

419. L'Alsace, cap. *Strasbourg ;* conquise sur l'Allemagne par Louis XIII, réunie sous Louis XIV par le traité de Westphalie (1648), et perdue en entier (sauf Belfort) en 1871, a formé les deux dép. du *Bas-Rhin* (perdu) et du *Haut-Rhin* (perdu sauf Belfort).

420. La **Franche-Comté,** cap. *Besançon ;* conquise sur les Espagnols par Louis XIV (1678) a formé trois dép. : la *Haute-Saône*, le *Doubs* et le *Jura*.

421. La **Bourgogne,** cap. *Dijon ;* réunie par Louis XI (1477), a formé quatre dép. : l'*Yonne*, la *Côte-d'Or*, la *Saône-et-Loire*, et l'*Ain*.

PROVINCES DU CENTRE.

422. La **Touraine,** cap. *Tours ;* réunie sous Henri III (1584), a formé le dép. d'*Indre-et-Loire*.

423. L'Orléanais, cap. *Orléans ;* apanage * de Louis XII (1498), a formé trois dép. : l'*Eure-et-Loir*, le *Loir-et-Cher*, le *Loiret*.

424. Le **Berry,** cap. *Bourges ;* acheté par Philippe Ier (1101), a formé les deux dép. du *Cher* et de l'*Indre*.

425. Le **Nivernais,** cap. *Nevers ;* acheté sous Louis XIV, en 1665, a formé le dép. de la *Nièvre*.

426. Le **Bourbonnais,** cap. *Moulins ;* confisqué par François Ier sur le connétable de Bourbon (1527), a formé le dép. de l'*Allier*.

427. L'Auvergne, cap. *Clermont-Ferrand ;* réunie sous Louis XIII (1610), a formé les deux dép. du *Puy-de-Dôme* et du *Cantal*.

428. La **Marche,** cap. *Guéret ;* confisquée par François Ier sur le connétable de Bourbon (1527), a formé le dép. de la *Creuse*.

429. Le **Limousin,** cap. *Limoges ;* réuni sous Henri IV (1589), a formé les deux dép. de la *Haute-Vienne* et de la *Corrèze*.

PROVINCES DU SUD-OUEST.

430. Le **Poitou,** cap. *Poitiers ;* conquis sur les Anglais par Charles V et définitivement réuni sous Charles VI (1416), a formé trois dép : la *Vienne*, les *Deux-Sèvres* et la *Vendée*.

431. L'Aunis et la **Saintonge,** cap. *la Rochelle* et *Saintes ;* conquis sur les Anglais par Charles V (1371), ont formé le dép. de la *Charente-Inférieure*.

432. L'**Angoumois,** cap. *Angoulême ;* conquis sur les Anglais par Charles V (1371) et apanage * de François Ier (1515), a formé le dép. de la *Charente*.

433. La **Guyenne,** cap. *Bordeaux ;* conquise sur les Anglais par Charles VII (1453), et la **Gascogne,** apanage * de Henri IV (1589), ont formé neuf dép. : la *Gironde*, la *Dordogne*, le *Lot*, le *Lot-et-Garonne*, le *Tarn-et-Garonne*, l'*Aveyron*, les *Landes*, le *Gers* et les *Hautes-Pyrénées*.

434. Le **Béarn,** cap. *Pau ;* domaine de Henri IV (1589), a formé le dép. des *Basses-Pyrénées*.

PROVINCES DU SUD-EST.

435. Le **Lyonnais,** cap. *Lyon ;* acquis par Philippe le Bel (1313), a formé les deux dép. du *Rhône* et de la *Loire*.

436. Le **Dauphiné,** cap. *Grenoble ;* légué par le dernier dauphin * à Philippe VI de Valois (1349), a formé trois dép. : l'*Isère*, la *Drôme* et les *Hautes-Alpes*.

437. La **Provence,** cap. *Aix ;* réunie par héritage sous Louis XI (1486), a formé trois dép : les *Basses-Alpes*, le *Var*, et les *Bouches-du-Rhône*.

438. Le **Languedoc,** cap. *Toulouse ;* réuni par Louis IX (1229), et par Philippe III le Hardi (1270), a formé huit dép. : la *Haute-Loire*, l'*Ardèche*, la *Lozère*, le *Gard*, l'*Hérault*, l'*Aude*, le *Tarn* et la *Haute-Garonne*.

439. Le **Roussillon,** cap. *Perpignan ;* conquis par Louis XIII et réuni par traité sous Louis XIV (1659), a formé le dép. des *Pyrénées-Orientales*.

440. Le **Comté de Foix,** cap. *Foix ;* domaine de Henri IV (1589), a formé le dép. de l'*Ariège*.

441. La **Corse,** cap. *Bastia ;* cédée par les Génois sous Louis XV (1768), a formé le dép. de la *Corse*.

PROVINCES ACQUISES DEPUIS 1790.

442. Le **Comtat d'Avignon** et le **Comtat Venaissin,** cap. *Avignon ;* cédés par le pape (1791), ont formé le dép. de *Vaucluse*.

443. La **Savoie,** cap. *Chambéry ;* cédée à la France par le roi de Sardaigne en 1860, a formé les deux dép. de la *Savoie* et de la *Haute-Savoie*.

444. Le **Comté de Nice,** cap. *Nice ;* cédé à la France par le roi de Sardaigne en 1860, a formé le dép. des *Alpes-Maritimes*.

Nota. — Pour l'enseignement collectif, voir la carte murale n° 9, **parlante au recto, muette au verso**, par M. Vidal-Lablache. 6 fr. 50.

Questions de Certificat d'études

(Voir la carte.)

Devoir 80. — **1.** Quelle était la *capitale* de la Bourgogne ? — **2.** de la Savoie ? — **3.** de la Provence? — **4.** du Languedoc ? — **5.** de la Guyenne et de la Gascogne ? — **6.** de l'Ile-de-France ? — **7.** de la Bretagne ? — **8.** de la Flandre ? — **9.** de la Picardie ? — **10.** de la Champagne ? — **11.** de la Normandie? — **12.** de la Franche-Comté ? — **13.** du Dauphiné ? — **14.** du Béarn ? — **15.** du Roussillon ? — **16** de la Lorraine ? — **17.** Citez à l'ouest une grande province qui a formé cinq départements. — **18.** au sud-ouest une grande province qui a formé neuf départements.

Devoir 81. — **1.** Quels sont, avec leurs chefs-lieux, les départements formés par la Franche-Comté? — **2.** par l'Auvergne ? — **3.** par la Provence ? — **4.** par la Picardie ? — **5.** par la Bretagne ? — **6.** par la Bourgogne ? — **7.** par la Lorraine ? — **8.** par le Languedoc ? — **9.** par la Guyenne et la Gascogne ? — **10.** par la Champagne ? — **11** par la Flandre ? — **12.** par l'Ile-de-France ? — **13.** par l'Alsace ?

Devoir 82. — **1.** De quelles *provinces* ont été formés les départements suivants : Le Loiret? — **2.** L'Yonne ? — **3.** La Haute-Marne ? — **4.** L'Isère ? — **5.** La Drôme ? — **6.** La Lozère ? — **7.** Le Maine-et-Loire ? — **8.** Les Côtes-du-Nord ? — **9.** L'Orne ? — **10.** La Somme ? — **11.** Les Ardennes ? — **12.** La Marne ? — **13.** La Meuse ? — **14.** La Loire-Inférieure ? — **15.** Le Finistère ? — **16.** Le Haut-Rhin ? — **17.** Les Vosges ? — **18.** Le Var ? — **19.** L'Aude ? — **20.** Le Gard ? — **21.** La Gironde ? — **22.** L'Indre ? — **23.** L'Ille-et-Vilaine ? — **24.** Le Bas-Rhin ? — **25.** La Moselle ? — **26.** Les Hautes-Alpes ? — **27.** La Dordogne ?

Devoir 83. — **1.** En combien de *provinces*

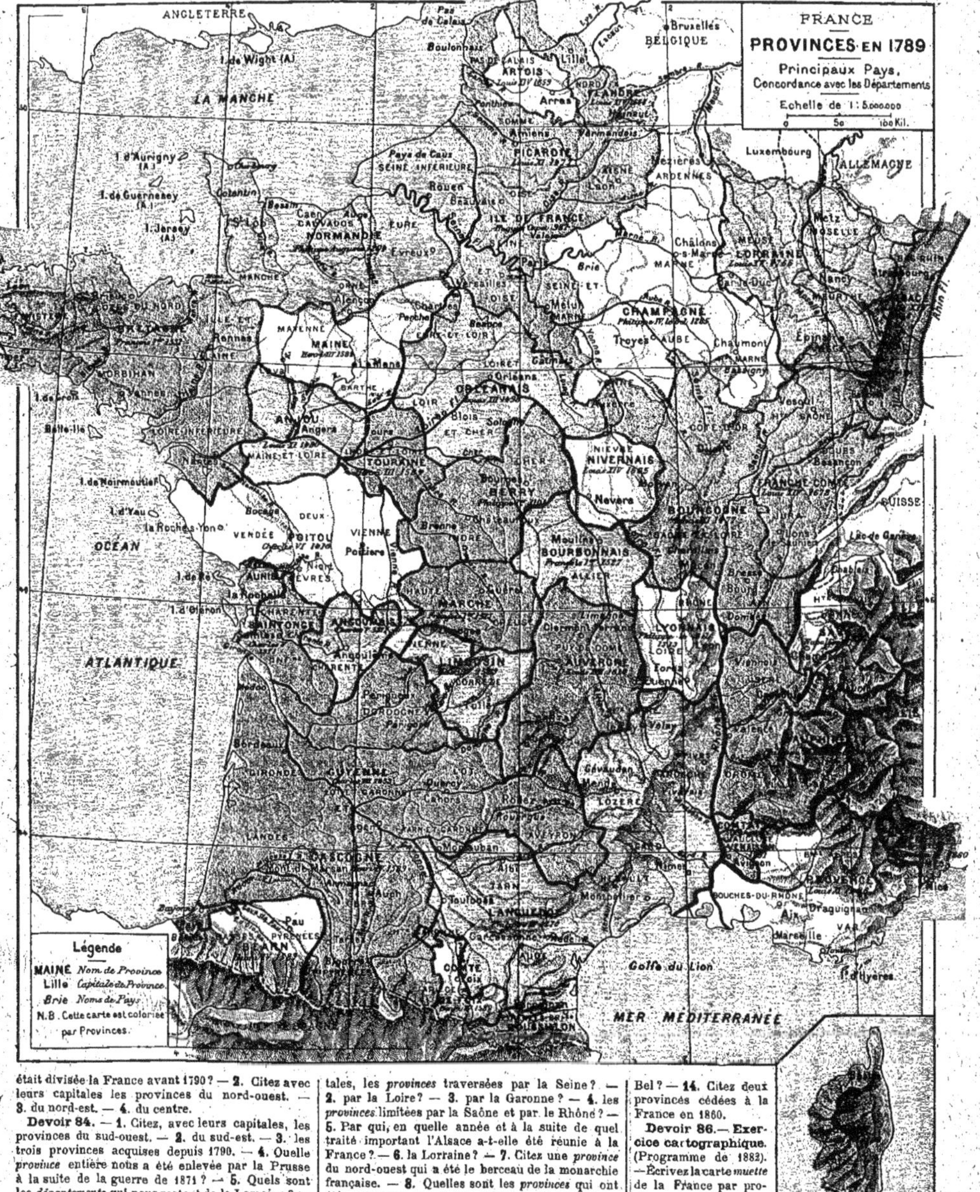

était divisée la France avant 1790 ? — **2**. Citez avec leurs capitales les provinces du nord-ouest. — **3**. du nord-est. — **4**. du centre.

Devoir 84. — **1**. Citez, avec leurs capitales, les provinces du sud-ouest. — **2**. du sud-est. — **3**. les trois provinces acquises depuis 1790. — **4**. Quelle *province* entière nous a été enlevée par la Prusse à la suite de la guerre de 1871 ? — **5**. Quels sont les *départements* qui nous restent de la Lorraine ? — **6**. Quelle est la *ville* qui nous reste de l'Alsace ?

Devoir 85. — **1**. Quelles sont, avec leurs capitales, les *provinces* traversées par la Seine ? — **2**. par la Loire ? — **3**. par la Garonne ? — **4**. les *provinces* limitées par la Saône et par le Rhône ? — **5**. Par qui, en quelle année et à la suite de quel traité important l'Alsace a-t-elle été réunie à la France ? — **6**. la Lorraine ? — **7**. Citez une *province* du nord-ouest qui a été le berceau de la monarchie française. — **8**. Quelles sont les *provinces* qui ont été conquises par Louis XIV ? — **9**. par Charles V ? — **10**. par Louis XI ? — **11**. par Louis IX ? — **12**. sous François Ier ? — **13**. sous Philippe IV le Bel ? — **14**. Citez deux provinces cédées à la France en 1860.

Devoir 86. — **Exercice cartographique.** (Programme de 1882). — Écrivez la carte *muette* de la France par provinces jusqu'à ce que vous puissiez l'écrire de mémoire.

Questions de Certificat d'études.

SUR LA FRANCE AGRICULTURE, INDUSTRIE ET COMMERCE

(Voir pages 24 et 25.)

Devoir 87. — **1**. Qu'est-ce que la *houille* * ? — **2**. Où trouve-t-on la houille consommée en France? — **3**. Qu'est-ce qu'un *bassin* * *houiller ?* — **4**. Citez un bassin houiller dans le département du *Nord*. — **5**. de la *Loire*. — **6**. de *Saône-et-Loire*. — **7**. du *Gard*. — **8**. de l'*Allier*. — **9**. Quels sont les principaux *métaux* * *usuels ?* — **10**. Citez un métal qui est assez abondant en France. — **11**. Qu'appelle-t-on *minerai* * *de fer ?* — **12**. Qu'est-ce qu'un *haut fourneau* * ? — **13**. Quelle opération fait-on subir au *minerai de fer*, pour le convertir en fonte, en fer et en acier?

Devoir 88. — **1**. Quelles sont les *usines* les plus importantes de France pour la préparation de la fonte, du fer et de l'acier? — **2**. Où fabrique-t-on des *machines à vapeur* et des *machines-outils?* — **3**. Qu'appelle-t-on *machines-outils* * ? — **4**. Où fabrique-t-on des machines pour la *marine de l'État ?* — **5**. pour la *marine marchande ?* — **6**. Où fond-on des *canons ?* — **7**. Où fabrique-t-on des *armes ?* — **8**. des *couteaux ?*

Devoir 89. — **1**. Que fabrique-t-on à *Limoges ?* — **2**. à *Sèvres* (près Paris)? — **3**. à *Saint-Gobain ?* — **4**. à *Baccarat ?* — **5**. Relevez sur la carte industrielle les localités où se trouvent des *mines de houille*. — **6**. des *forges*. — **7**. les localités où l'on construit des *machines pour la marine*. — **8**. où l'on fabrique de la *faïence* et de la *porcelaine* *. — **9**. des *armes de guerre*. — **10**. de l'*horlogerie*. — **11**. de la *coutellerie*.

Devoir 90. — **1**. Qu'est-ce qu'une *limite* * *de culture ?* — **2**. Avec quelles plantes est fabriquée l'*huile à brûler ?* — **3**. l'*huile à manger ?* — **4**. la *toile* * ? — **5**. le *sucre* * ? — **6**. la *bière ?* — **7**. les *cotonnades ?* — **8**. Relevez sur la carte les principaux centres de fabrication de la *toile*. — **9**. des *cotonnades*. — **10**. des *dentelles*. — **11**. du *papier*. — **12**. du *sucre*. — **13**. des *tapis*. — **14**. des *soieries*. — **15**. des *lainages* et *draps*. — **16**. Que sont et d'où nous viennent les matières suivantes : le *coton* * ? — **17**. la *soie* * ? — **18**. la *laine* * ? — **19**. la *canne* * à sucre ? — **20**. le *café* * ? — **21**. le *cacao* * ? — **22**. Quelles sont les parties de la France qui fournissent les *vins* les plus estimés? — **23**. Citez les principaux centres du *commerce* des vins.

RÉCAPITULATION GÉNÉRALE.

* **Devoir 91.** — **1**. Quelles sont les principales *plaines* de la France ? — **2**. Quelles sont ses principales *vallées ?* — **3**. Entre quels *massifs montagneux* s'étend la vallée de la Garonne? — **4**. Entre quels *massifs montagneux* s'étend la vallée de la Saône et du Rhône? — **5**. Dans quelle grande *vallée de l'Allemagne* peut-on entrer en sortant de la vallée de la Saône et du Rhône? — **6**. Quelle est la *route naturelle* entre la vallée du Rhône et celle de la Garonne? — **7**. Quelles sont les *régions basses* qui environnent le Massif central? — **8**. Pourquoi les *côtes* du *Languedoc* sont-elles basses, celles de la *Provence* rocheuses et élevées? — **9**. De ces deux sortes de côtes, lesquelles sont préférables pour l'établissement de *ports ?* — **10**. Pourquoi de tous les grands fleuves français le Rhône est-il le seul qui forme un *delta ?*

* **Devoir 92.** — **1**. Y a-t-il, en France, sur l'Atlantique, des *côtes* analogues à celles du Languedoc? — **2**. Pourquoi toutes les *côtes de l'Atlantique*, excepté celles de la Charente-Inférieure et du Nord, sont-elles des côtes élevées ou rocheuses ? — **3**. Si toutes les *côtes* de France sur l'*Atlantique* sont bordées par de petits massifs montagneux, comment ont fait les *fleuves* pour arriver à la mer? — **4**. Quels sont les *massifs* traversés par la *Seine* avant son embouchure? — **5**. Quels sont les *massifs* traversés par la *Loire ?* — **6**. La *Garonne* et le *Rhône* ont-ils, eux aussi, des *massifs* de terres élevées à traverser avant leur embouchure? — **7**. La *Seine* et la *Loire* sont-elles *partout séparées* l'une de l'autre par des montagnes ou des collines? — **8**. Comment a-t-on profité de l'absence d'*obstacles* entre Paris et Orléans? — **9**. A-t-il été aussi facile de construire des *canaux* entre la *Seine* et le *Rhône*, le *Rhône* et la *Loire ?* — **10**. Où les a-t-on construits?

* **Devoir 93.** — **1**. Quels sont les *trois canaux* très voisins les uns des autres qui réunissent la *Loire*, la *Seine* et le *Rhône ?* — **2**. Quel est, de tous les *fleuves* français, celui qui est le moins *relié* aux autres par *canaux ?* — **3**. Expliquez pourquoi la Garonne ne *communique* qu'avec le Rhône. — **4**. Par où se prolonge vers le nord la *ligne de navigation* de la Garonne et du Rhône ? — **5**. Dites les *villes importantes* situées sur son parcours. — **6**. N'y a-t-il pas en France une autre *ligne de navigation* plus importante encore? — **7**. Quels sont les *grands ports* situés à l'extrémité de la ligne de navigation de la Seine et du Rhône? — **8**. Quelles sont les *villes importantes* situées sur son parcours? — **9**. En prenant Paris pour point de départ, quelles sont les *directions* diverses que peut prendre un bateau? — **10**. Quelles sont les *rivières* et les *fleuves* qui naissent dans le *Massif central ?*

* **Devoir 94.** — **1**. Pourquoi tous les grands *cours d'eau* du Massif se dirigent-ils vers le nord et vers l'ouest? — **2**. N'y a-t-il pas des *plaines* intérieures dans le *Massif central ?* — **3**. Trouve-t-on quelque chose de pareil à la *Limagne* et au *Forez*, dans les Alpes et dans les Pyrénées? — **4**. Les *vallées* des *Pyrénées* et celles des *Alpes* se ressemblent-elles tout à fait? — **5**. Quelles sont les *directions* diverses dans lesquelles s'échappent les eaux des *collines du Perche* et de *Normandie?* — **6**. Pourquoi naît-il tant de *rivières* dans ces collines ? — **7**. Les quatre grands *fleuves* français ont-ils tout leur cours en France? — **8**. Quels sont les *grands fleuves étrangers* qui ont une partie de leur cours, ou une partie du cours d'un de leurs affluents sur le sol français? — **9**. Quelle est l'*importance* spéciale des *affluents du Rhin* qui ont leur cours en France? — **10**. Quelles sont les grandes *places fortes* construites sur la Moselle et sur la Meuse?

* **Devoir 95.** — **1**. Si les Prussiens s'emparaient de *Toul*, d'*Épinal* et de *Verdun*, ne trouveraient-ils plus d'*autres places fortes* devant eux, avant d'arriver à Paris? — **2**. Si les Prussiens s'emparaient de *Belfort*, dans quelle partie de la France pénétreraient-ils? — **3**. De la *vallée de la Saône*, par où pourraient-ils atteindre la Seine? — **4**. Les *passages* de la Saône à la Seine sont-ils défendus? — **5**. Quelles sont les *places fortes* des Alpes? — **6**. Pourquoi n'y a-t-il pas d'*autres places fortes* que Perpignan et Bayonne sur la frontière d'Espagne? — **7**. Parmi nos ports militaires, quelle *importance spéciale* pensez-vous qu'a *Toulon ?* — **8**. et Cherbourg? — **9**. Quel est le *plus long* des fleuves français? — **10**. La Loire est-elle aussi celui des fleuves français qui a le *plus d'eau ?*

* **Devoir 96.** — **1**. Pourquoi le *Rhône* est-il, de tous les fleuves français, celui qui a le *plus d'eau ?* — **2**. Pourquoi les *grandes montagnes* donnent-elles naissance à des cours d'eau abondants? — **3**. Pourquoi y a-t-il des *neiges* et de la *glace* dans les montagnes très élevées? — **4**. Quels sont les principaux *centres industriels* de la France? — **5**. Quel est le principal *instrument de l'industrie* contemporaine? — **6**. Puisque l'industrie ne peut se passer de *machines à vapeur*, quelle est la *matière* qui lui est indispensable? — **7**. Y a-t-il beaucoup de *houille* en France? — **8**. Quels sont les *pays de l'Europe* qui produisent plus de *houille* que la France? — **9**. Si l'on excepte le *bassin houiller du Nord*, n'y a-t-il pas une remarque particulière à faire sur la situation des mines de houille françaises? — **10**. En dehors des usines, à quels *usages importants* servent la houille et les machines à vapeur?

* **Devoir 97.** — **1**. Y a-t-il beaucoup de *chemins de fer* en France? — **2**. Quels sont les principaux *chemins de fer* de la France? — **3**. Ces chemins ont-ils été construits par la ligne la plus *courte* et la plus *directe* d'un point à un autre? — **4**. Quelles sont les *grandes lignes ferrées* qui font le tour du Massif central par des chemins naturels? — **5**. N'y a-t-il pas un *moyen de communication* plus rapide entre les hommes que les chemins de fer? — **6**. Quelle *supériorité* pensez-vous qu'aient les *navires à vapeur* sur les navires à voiles? — **7**. Les chemins de fer ont-ils rendu inutiles les *routes ordinaires ?* — **8**. Quelles *conséquences* pensez-vous qu'ait eu l'établissement des *chemins de fer* et des *télégraphes* dans le gouvernement de la France? — **9** dans les *rapports* de la France avec les pays étrangers? — **10**. Est-ce surtout par terre que se fait le *commerce* de la France avec l'étranger?

* **Devoir 98.** — **1**. Est-ce que le *transport* des marchandises *par eau* est plus ou moins coûteux que *par terre?* — **2**. Quel est le *pays* avec lequel la France fait le plus *grand commerce?* — **3**. Quels sont les *grands pays industriels* et *commerciaux* qui sont les *rivaux* de la France? — **4**. Comment les peuples européens *développent-ils* surtout leur *commerce ?* — **5**. Est-ce que la France n'est pas dans une *situation inférieure* à l'Anglerre et à l'Allemagne pour l'*exploration* et la *conquête* du globe? — **6**. Quelles sont les *principales colonies* de la France? — **7**. Quelle est la *route* de France en Indo-Chine? — **8**. Si le canal de Suez était fermé, quelle autre *route* faudrait-il prendre pour aller de France en Indo-Chine? — **9**. Quelle est l'autre *grande nation* de l'Europe qui a besoin de la *route de Suez* pour communiquer rapidement avec une de ses colonies les plus importantes? — **10**. Quel est le *principal État* de l'Amérique avec lequel commerce la France?

* **Devoir 99.** — **1**. Quelle différence y a-t-il entre le commerce d'*importation* et le commerce d'*exportation* de la France? — **2**. En est-il de même pour tous les pays? — **3**. Quoiqu'elle *exporte* surtout des produits de son industrie, l'Angleterre n'*exporte*-t-elle pas en même temps une *matière première* très importante? — **4**. Est-ce seulement pour l'*Alsace-Lorraine* que la France et l'Allemagne sont rivales? — **5**. Y a-t-il d'*autres raisons* que le besoin d'une solide frontière qui doit nous faire souhaiter de *reconquérir* l'Alsace-Lorraine? — **6**. Quelles sont les principales *nations rivales* de la France dans la Méditerranée? — **7**. Quelle *conquête récente* a affermi la puissance française dans la Méditerranée? — **8**. D'où vient la grande *importance* de la Méditerranée dans le monde? — **9**. Quelle *raison* donne une si grande importance aux *rapports* de l'Europe avec l'Inde et la Chine?

* **Devoir 100.** — **1**. Quelle *différence* y a-t-il entre une colonie comme la *Cochinchine* ou le *Tonkin* et une colonie comme l'*Algérie ?* — **2**. Au point de vue de l'*émigration* européenne, l'Algérie s'est-elle trouvée dans les mêmes conditions que l'Amérique du Nord et l'Australie? — **3**. Est-ce que tous les *indigènes algériens* sont Arabes? — **4**. Lesquels, des *Arabes* et des *Berbères* ou *Kabyles* sont le plus *anciennement établis* en Algérie? — **5**. Quelle est la *colonie française* la plus voisine de l'Algérie? — **6**. Par quoi sont *séparés* l'Algérie et le Sénégal? — **7**. Quel est le *grand fleuve africain* que la France a atteint par le Sénégal? — **8**. Pourquoi la France est-elle forcée d'avoir une *armée* très nombreuse? — **9**. Est-ce que tous les *voisins de la France* peuvent l'attaquer? — **10**. Quelle est celle de ses *frontières* que la France doit *surveiller* avec le plus de soin, et pourquoi?

Spécimen de questions sur la France muette

(Voir la carte.)

* **Devoir 101.** — **1**. Nommez, au nord de la France, avec leurs chefs-lieux, les départements 12, 22, 29, 47. — **2**. A l'est, les départements 70, 111, 132, 146. — **3**. Au sud-est les départements 188, 203, 202, 230. — **4**. Au sud, les départements 259, 215, 240, 255. — **5**. le long des Pyrénées, les départements 284, 267, 251, 264, 247. — **6**. A l'ouest, les départements 93, 74 et 120. — **7**. Au centre, les départements 138, 154, 167 et 168. — **8**. Quel est le nom du territoire 133? — **9**. Quels sont, à l'est de la France, les pays 54 et 91? — **10**. Citez, avec leurs chefs-lieux, les départements traversés par une ligne qui irait du nº 102 au nº 207.

* **Devoir 102.** — **1**. Nommez la mer 20. — **2**. les départements baignés par cette mer. — **3**. Nommez l'océan 190. — **4**. les départements baignés par cet

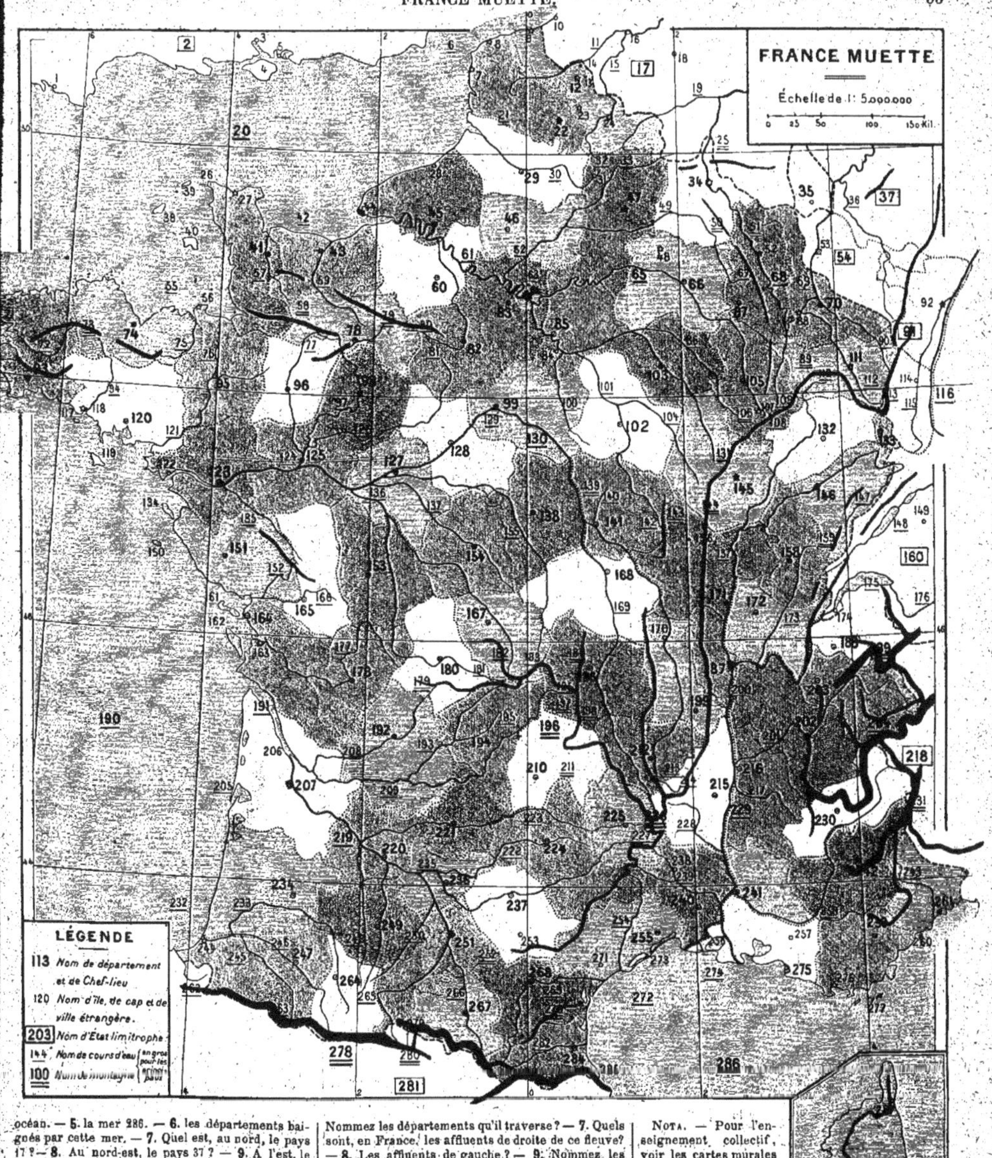

océan. — **5**. la mer 286. — **6**. les départements baignés par cette mer. — **7**. Quel est, au nord, le pays 17 ? — **8**. Au nord-est, le pays 37 ? — **9**. À l'est, le pays 160 ? — **10**. Au sud-est, le pays 218 ? — **11**. Au sud, le pays 281 ? — **12** Quels sont les départements traversés par le 2e degré de longitude ouest. — **13**. par le 4 e degré de latitude.

***Devoir 103**. — **1**. Nommez les montagnes 278. — **2**. Les départements qui touchent à ces montagnes. — **3**. Nommez les montagnes 204. — **4**. les montagnes 196. — **5**. Quel est le fleuve 229 ? — **6**. Nommez les départements qu'il traverse ? — **7**. Quels sont, en France, les affluents de droite de ce fleuve? — **8**. Les affluents de gauche ? — **9**. Nommez les principales villes arrosées par le fleuve 229. — **10**. Nommez le lac qu'il traverse avant d'entrer en France. — **11**. Nommez le fleuve 130. — **12**. Où ce fleuve prend-il sa source ? — **13**. Nommez les départements traversés par le fleuve 130. — **14**. Nommez les villes principales qu'il arrose. — **15** Quels sont les affluents de droite du fleuve 130. — **16**. Les affluents de gauche?

NOTA. — Pour l'enseignement collectif, voir les cartes murales nos 4 et 5, **parlantes** au recto, **muettes** au verso, par M. Vidal-Lablache. 6 fr. 50

La liste des cartes muettes se trouve en regard de la page 1.

288

EUROPE PHYSIQUE

Suivre sur la carte.

445. Étendue. — L'Europe est une des cinq parties du monde. Elle est **trois** fois plus petite que l'*Afrique*, **cinq** fois plus petite que l'*Asie*, **quatre** fois plus petite que l'*Amérique*, **dix-neuf** fois plus grande que la *France*.

446. Mers. — L'océan Glacial Arctique, l'océan Atlantique et la mer Méditerranée, dépendance de l'océan Atlantique, pénètrent très avant dans les terres et y creusent de véritables *mers*.

447. Ces mers sont : la mer *Blanche*, formée par l'océan Glacial Arctique ; — la mer **Baltique**, la mer du **Nord**, la **Manche** et la mer d'*Irlande*, formées par l'océan Atlantique ; — la mer **Adriatique**, la mer *Ionienne*, l'*Archipel*, la mer de *Marmara*, la mer **Noire** et la mer d'*Azov*, formées par la mer Méditerranée.

448. La mer **Caspienne** ne communique avec aucune autre mer.

449. Iles. — Les principales îles de l'Europe sont : dans l'océan Glacial Arctique, les îles de la *Nouvelle-Zemble* (à la Russie) ; — dans la Baltique, les îles du *Danemark* (Seeland, etc.) ; — dans l'Atlantique, la **Grande-Bretagne** et l'**Irlande**, qui forment les **Iles Britanniques** ; l'**Islande**, (au Danemark) ; — dans la Méditerranée, la **Corse** (à la France) ; — la **Sardaigne** et la **Sicile** (à l'Italie) ; — les îles *Baléares* (à l'Espagne) ; — les îles de **Malte** et de **Chypre** (à l'Angleterre) ; — l'île de **Candie** ou de *Crète* (à la Turquie) ; — dans la mer Ionienne, les îles *Ioniennes* (à la Grèce) ; — dans l'Archipel, les *Cyclades* (à la Grèce).

450. Golfes. — Les principaux golfes de l'Europe sont : les golfes de *Bothnie*, de *Finlande* et de *Riga*, dans la Baltique, sur les côtes de la Russie ; — le golfe du *Zuyderzée*, dans la mer du Nord, sur les côtes de Hollande ; — le golfe de *Gascogne*, dans l'Atlantique, sur les côtes de France ; — le golfe du *Lion*, dans la Méditerranée, sur les côtes de France ; — le golfe de *Gênes*, dans la Méditerranée, sur les côtes d'Italie.

451. Détroits. — Les principaux détroits de l'Europe sont : le *Skager-Rack*, le *Cattégat* et le **Sund**, qui font communiquer la mer du Nord avec la mer Baltique ; — le **Pas de Calais**, qui fait communiquer la mer du Nord avec la Manche ; — le détroit de **Gibraltar**, passage étroit entre l'Atlantique et la Méditerranée, commandé par la forteresse anglaise de *Gibraltar* ; — le détroit de *Bonifacio*, entre la Corse et la Sardaigne ; — le détroit de **Messine**, entre l'Italie et la Sicile ; — le canal d'*Otrante*, qui fait communiquer la mer Adriatique avec la mer Ionienne ; — le détroit des **Dardanelles**, qui fait communiquer l'Archipel avec la mer de Marmara ; — le **Bosphore**, qui fait communiquer la mer de Marmara avec la mer Noire.

452. Relief du sol. — Le sol de l'Europe comprend deux parties : une partie de **plaines** au nord, et une partie **montagneuse** au sud[1].

1. Sur la carte la partie des plaines est coloriée en *jaune* et la partie montagneuse en *rose* ; la ligne qui sépare ces deux parties, passe par tous les points situés à 200 mètres au-dessus du niveau de la mer.

453. Les **plaines** s'étendent sur tout le **nord-ouest** et le nord de l'Europe, la Scandinavie exceptée ; elles occupent le *nord* de la France, — la *Belgique*, — la *Hollande*, — la basse Allemagne, — et toute la **Russie**, où le sol se relève à peine au plateau de Valdaï (300 mètres). — La *Hongrie* constitue une plaine dans l'intérieur de la partie montagneuse.

454. Les **montagnes** couvrent l'*Espagne*, — une partie de la France, — la **Suisse**, — l'*Italie*, — une partie de l'Allemagne et de l'Autriche, — la *Turquie*, — la *Serbie*, — le *Monténégro* et la *Grèce*.

455. Les montagnes comprennent la chaîne des **ALPES**, les plus hautes montagnes d'Europe (hauteur moyenne 3 000 mètres), entre la France et l'Italie ; — les **Pyrénées** (2 000 mètres), entre la France et l'Espagne ; — les *Apennins*, qui parcourent l'Italie dans toute sa longueur ; — les monts de *Bohême* et les monts **Karpathes**, dans l'empire d'Autriche ; — les monts *Balkans*, qui séparent la Turquie de la Bulgarie ; — la *Sierra Morena* et la *Sierra Nevada* en Espagne (1 000 mètres).

456. Il faut ajouter à cette nomenclature : les *Alpes scandinaves*, en Suède et en Norvège, les monts **Ourals** et le **Caucase** en Russie, entre l'Europe et l'Asie.

457. Au milieu des pays montagneux, les **vallées** les plus remarquables sont : la vallée du *Rhône*, en France ; — la vallée du **Pô**, en Italie, — et la grande vallée du **Danube**, qui s'étend en Autriche et en Roumanie.

458. Presqu'îles. — Les quatres grandes presqu'îles ou péninsules de l'Europe sont : au nord, la presqu'île **scandinave** (Suède et Norvège) ; — au sud, la presqu'île **hispanique** ou *ibérique* (Espagne et Portugal), — la presqu'île *italique* (Italie), — la presqu'île *hellénique* ou péninsule des Balkans (Turquie et Grèce).

459. Les trois principales petites presqu'îles de l'Europe sont : le *Jutland*, en **Danemark** ; — la *Morée*, en Grèce ; — la *Crimée*, en Russie.

460. Isthmes. — Les deux isthmes principaux de d'Europe sont : l'isthme de *Corinthe*, qui réunit la Morée au reste de la Grèce et qui va être coupé par un canal ; — l'isthme de *Pérékop*, qui joint la Crimée à la Russie.

461. Caps. — Les principaux caps de l'Europe sont : le cap *Nord*, au nord de l'Europe ; — le cap *Land's End*, au sud-ouest de la Grande-Bretagne ; — le cap *Finistère*, au nord-ouest de l'Espagne ; — le cap *Saint-Vincent*, au sud-ouest du Portugal ; — le cap *Matapan*, au sud de la Morée.

462. Volcans. — Les principaux volcans de l'Europe sont : le mont *Hécla*, en Islande ; — le mont **Vésuve**, près de Naples, en Italie ; — le mont *Etna*, en Sicile.

463. Lacs. — Les quatre principaux groupes de lacs sont : les lacs de la *Suède*, — les lacs du nord-ouest de la *Russie*, — les lacs de la **Suisse**, — et les lacs *italiens*, au sud des Alpes.

464. Partage des eaux. — Les rivières et les fleuves de l'Europe vont se jeter soit dans la **Méditerranée**, soit dans l'océan **Atlantique** et dans l'océan *Glacial*.

465. La ligne qui sépare les eaux qui vont à la Méditerranée de celles qui vont à l'Atlantique est dirigée **du nord-est au sud-ouest**. *Tous les grands fleuves de l'Europe prennent leur source dans le voisinage de cette ligne* **de partage des eaux**, soit dans de hautes montagnes comme les Pyrénées et les Alpes, soit dans de faibles collines ou même dans des plaines, comme en Russie.

466. Fleuves. — Les principaux fleuves de l'Europe sont :

La *Petchora* (Russie), qui se jette dans l'océan Glacial Arctique ;

La *Dvina* septentrionale (Russie), qui se jette dans la mer Blanche ;

La **Néva**, la *Duna* (Russie), le *Niémen* (Russie et Prusse), la **Vistule** et l'**Oder** (Allemagne), qui se jettent dans la mer Baltique.

La **Tamise** (Angleterre), l'**Elbe**, le **Weser** (Allemagne), le **RHIN** (Suisse, Allemagne et Hollande), la *Meuse* (France, Belgique, Hollande), l'*Escaut* (France, Belgique, Hollande), qui se jettent dans la mer du Nord ;

La **Seine** (France), qui se jette dans la Manche ;

La **Loire**, la **Garonne** (France), le *Douro*, le **Tage**, la *Guadiana* (Espagne et Portugal), le *Guadalquivir* (Espagne), qui se jettent dans l'océan Atlantique ;

L'**Èbre** (Espagne), le **Rhône** (France) et le *Tibre* (Italie), qui se jettent dans la Méditerranée ;

Le **Pô** (Italie), qui se jette dans l'Adriatique ;

Le **DANUBE**, le fleuve le plus considérable de l'Europe par le volume de ses eaux (Allemagne, Autriche-Hongrie, sépare la Serbie de la Hongrie, et la Bulgarie de la Roumanie) ; — le *Dniester* et le *Dniéper* (Russie), qui se jettent dans la mer Noire ;

Le *Don* (Russie), qui se jette dans la mer d'Azov ;

Le **Volga** (Russie), le fleuve le plus long de l'Europe, et l'*Oural* (Russie), qui se jettent dans la mer Caspienne.

Les fleuves les plus longs sont : le *Volga* (920 lieues), le **Danube** (720 lieues), le *Dniéper* (500 lieues), le *Don* et la *Petchora* (450 lieues), l'*Oural* (380 lieues), le **Rhin** (320 lieues).

Questions de Certificat d'études.

(Voir la carte.)

Devoir 104 [91]. — **1.** Citez un fleuve qui se jette dans la mer *Glaciale*. — **2.** un fleuve sur lequel est bâti *Londres*. — **3.** Dans quelle *mer* ce fleuve se jette-t-il ? — **4.** Sur quel fleuve est bâti *Saint-Pétersbourg* ? — **5.** Dans quel *golfe* ce fleuve se jette-t-il ? — **6.** Quels sont les États traversés par le Danube ? — **7.** Citez deux *capitales* traversées par ce fleuve. — **8.** Quel est le fleuve le plus *long* de l'Europe ? — **9.** Citez trois *golfes* formés par la mer *Baltique*. — **10.** trois *détroits* qui font communiquer la mer Baltique avec la mer du Nord. — **11.** Quelle est la petite *presqu'île* située entre la mer Baltique et la mer du Nord ? — **12.** la *grande presqu'île* située entre le golfe de Bothnie et l'océan Atlantique ? — **13.** Quels sont les deux *royaumes* situés dans cette presqu'île ? — **14.** Quels sont les *monts* qui séparent la Suède de la Norvège ?

Devoir 105 [92]. — **1.** Citez une grande *île* isolée dans le nord de l'océan Atlantique. — **2.** A quel État européen cette île appartient-elle ? — **3.** Citez un *volcan* situé dans cette île. — **4.** Qu'est-ce qu'un *geyser* ? — **5.** Citez une grande *île* située entre la mer du Nord et la mer d'Irlande. — **6.** Citez une autre *île* située à l'ouest de la Grande-Bretagne. — **7.** Quel est l'État de l'Europe formé par ces deux îles ? — **8.** Quelle est la *capitale* de cet État et sur quel *fleuve* est-elle située ? — **9.** Citez deux *détroits* qui font

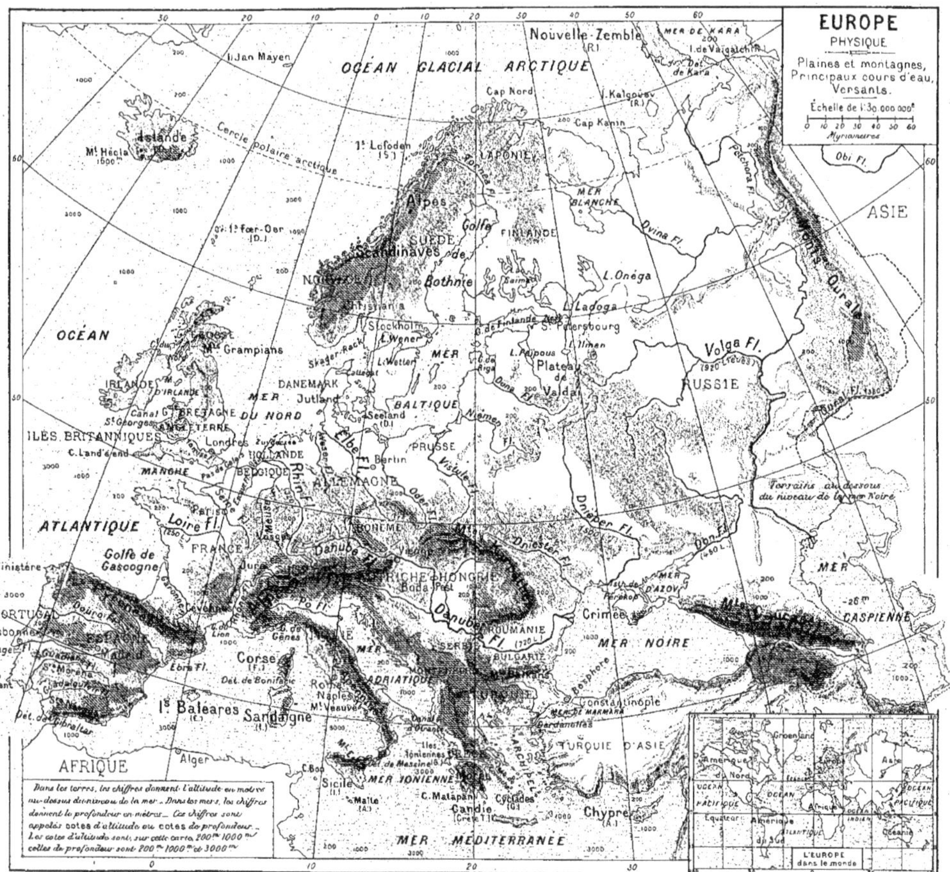

communiquer la mer d'Irlande avec l'océan Atlantique. — **10**. Citez cinq *fleuves* qui se jettent dans la mer Baltique. — **11**. cinq *fleuves* qui se jettent dans la mer du Nord. — **12**. un *fleuve* qui se jette dans la Manche. — **13**. deux *fleuves* français qui se jettent dans l'océan Atlantique. — **14**. quatre *fleuves* espagnols qui se jettent dans l'océan Atlantique. — **15**. un *fleuve* espagnol qui se jette dans la mer Méditerranée.

Devoir 106 [93]. — **1**. Citez un *fleuve* français qui se jette dans la Méditerranée. — **2**. un groupe d'*îles* dans la mer Méditerranée et appartenant à l'Espagne. — **3**. deux grandes *îles* dans la Méditerranée appartenant, l'une à la France, l'autre à l'Italie. — **4**. une autre grande *île* située au sud-ouest de l'Italie. — **5**. Quel est le *détroit* qui sépare la Corse de la Sardaigne ? — **6**. le *détroit* qui sépare la Sicile de l'Italie ? — **7**. Citez deux *États* situés dans la péninsule hispanique. — **8**. Quel est le détroit qui fait communiquer l'océan Atlantique avec la mer Méditerranée? — **9**. Entre quels *pays* est resserré ce détroit? — **10**. Citez deux chaînes de *montagnes* en Espagne. — **11**. un *volcan* près de Naples. — **12**. Quelle est la partie du monde située au sud de la Méditerranée? — **13**. Quelle est la *mer* située entre l'Italie et la Turquie? — **14**. Citez un *canal* qui fait communiquer la mer Adriatique avec la mer Ionienne.

Devoir 107 [94]. — **1**. Citez une île située au sud de la Sicile et appartenant aux Anglais. — **2**. Citez un *fleuve* dans la partie septentrionale de l'Italie et formant une vallée remarquable. — **3**. Sur quel fleuve est située *Rome ?* — **4**. Quelle est la *forme* de la presqu'île italique? — **5**. Citez une *presqu'île* au sud de la Grèce. — **6**. Par quel *isthme* cette presqu'île est-elle rattachée au continent? — **7**. Citez une *île* située au sud-est de la Morée et appartenant à la Turquie. — **8**. Quelle est la *mer* située entre la Grèce et la Turquie d'Asie? — **9**. la *mer* située entre l'Archipel et la mer Noire? — **10**. Quel est le *détroit* qui fait communiquer l'Archipel avec la mer de Marmara? — **11**. le *détroit* qui fait communiquer la mer de Marmara avec la mer Noire? — **12**. Citez une grande *ville* sur ce détroit. — **13**. Quel est le *fleuve* qui se jette dans la mer Adriatique? — **14**. Citez un grand *fleuve* qui se jette dans la mer Noire.

Devoir 108 [95]. — **1**. Citez deux massifs de *montagnes* dans l'Autriche-Hongrie. — **2**. un *massif* de montagnes en Turquie. — **3**. une *presqu'île* dans la mer Noire. — **4**. Par quel *isthme* cette presqu'île est-elle reliée au continent? — **5**. Dans quelle *mer* se jette le Don? — **6**. Citez trois *fleuves* qui se jettent dans la mer Noire. — **7**. un grand *fleuve* qui se jette dans la mer Caspienne. — **8**. Quelle est la longueur de ce fleuve? — **9**. Que remarque-t-on sur le *niveau* de la mer Caspienne et des terres avoisinantes? — **10**. Qu'est-ce qu'une *dépression* * ? — **11**. Quelle est la chaîne de *montagnes* qui sépare au sud la Russie de l'Asie? — **12**. Quelle est la chaîne de *montagnes* qui sépare à l'est la Russie de l'Asie? — **13**. Citez un *fleuve* qui se jette dans la mer Caspienne et qui sépare l'Europe de l'Asie.

Devoir 109 [96]. — **1**. Quelles sont les *bornes* de l'Europe? — **2**. Quels sont les pays renfermés dans la partie *montagneuse* de l'Europe? — **3**. dans la partie de *plaines ?* — **4**. Quels sont les principaux *caps* de l'Europe? — **5**. les principaux groupes de *lacs ?*

110 [97]. **Exercice cartographique** (programme de 1882). — **1**. « Écrivez » la carte *muette* de l'Europe physique jusqu'à ce que vous puissiez l'écrire de mémoire. — **2**. Tracez à main levée l'Europe et ses principaux fleuves.

EUROPE POLITIQUE

Suivre sur la carte.

467. Étendue. Population. — L'Europe est la partie du monde la plus **peuplée** (330 millions d'hab.) relativement à son étendue, la plus **civilisée** et la plus **puissante**.

468. Contrées. — On appelle *contrée* ou *État* une étendue de pays plus ou moins vaste, dont les habitants sont soumis au même gouvernement.

469. On appelle *ville capitale* ou simplement *capitale* d'une contrée, la ville qui est le siège du gouvernement, c'est-à-dire celle où il réside.

470. Grandes puissances. — On a vu (p. 2) que l'Europe se partage en *vingt* contrées. — **L'Angleterre**, **la Russie**, **la France**, **l'Allemagne**, **l'Autriche-Hongrie** et **l'Italie** sont les principales. On les appelle les six *grandes puissances*.

471. Gouvernements. — Les gouvernements de l'Europe sont des **républiques** ou des **monarchies**.

472. On appelle **république** un État dans lequel la nation entière exerce le pouvoir par l'intermédiaire de ses délégués, *députés* et *sénateurs*.

Dans une république, le pouvoir est ordinairement confié à un *Président*, élu par les délégués de la nation, pour un certain nombre d'années.

473. On appelle **monarchie** un gouvernement à la tête duquel est placé un seul homme, qui porte le titre de *roi*, d'*empereur* ou de *prince*.

474. Quand un État est gouverné par un *roi*, il prend le nom de *royaume*. — Quand un État est gouverné par un *empereur*, il prend le nom d'*empire*. — Quand un État est gouverné par un *prince*, il prend le nom de *principauté*.

475. Il y a en Europe :

Deux *républiques :* la France et la Suisse;

Douze *royaumes :* les îles Britanniques, le Danemark, la Suède, la Norvège, la Belgique. la Hollande, le Portugal, l'Espagne, l'Italie, la Roumanie, la Serbie et la Grèce.

Quatre *empires :* la Russie, l'Allemagne, l'Autriche-Hongrie et la Turquie;

Deux *principautés :* le Monténégro et la Bulgarie.

476. Aux douze royaumes, il faut ajouter la **Prusse**, la *Saxe*, la *Bavière* et le *Wurtemberg*, qui sont compris dans l'empire d'Allemagne, et la **Hongrie** qui fait partie de l'empire d'Autriche-Hongrie.

477. Religions. — Les principales religions qui existent en Europe sont : la religion **catholique** (France, Espagne, Italie, Autriche, Allemagne du Sud, Irlande); — la religion **grecque** (Grèce, Russie, Turquie); — la religion *protestante* (Allemagne du Nord, Angleterre, Hollande, Suède). — Il y a aussi des **mahométans*** en Turquie et en Russie, et des *israélites* ou *juifs* un peu partout.

ILES BRITANNIQUES[1]

478. Les **ILES BRITANNIQUES** (36 millions d'hab.), dont les deux principales sont : la *Grande-Bretagne* et l'*Irlande*, sont souvent désignées sous le nom de *Royaume-Uni de Grande-Bretagne et d'Irlande*, et plus souvent encore sous le nom d'**Angleterre**.

479. Divisions. — On partage les îles Britanniques en quatre parties principales, savoir: l'**Angleterre** proprement dite, cap. **Londres**; — le *Pays de Galles;* — l'**Écosse**, cap. *Édimbourg;* — l'**Irlande**, cap. *Dublin*, sur la mer d'Irlande.

480. Richesses. — L'Angleterre est le pays du monde qui a **le plus d'industrie** et qui fait **le plus grand commerce**.

Elle produit autant de **HOUILLE** que tous les autres pays ensemble; elle fournit plus de **fer** et fabrique plus de **tissus** que n'importe quel autre État.

Aucun ne possède plus de **navires** de commerce ou de guerre.

481. Principales villes. — **LONDRES**, sur la Tamise, est le *premier port*, la ville la plus vaste, la plus commerçante et la plus peuplée de l'univers (3 900 000 hab.). — Les autres grandes villes sont : **LIVERPOOL** (600 000 hab.), le *second port* (coton) et la seconde ville commerçante du monde; — **Glasgow** (500 000 hab.), grand port et ville industrielle de l'Écosse; — **Birmingham** (400 000 hab.), centre de l'industrie du fer en Angleterre; — **Dublin** (350 000 hab.), capitale de l'Irlande; — **Manchester** (350 000 hab.), le premier marché du monde pour les fils et les tissus de *coton;* — **Leeds** (étoffes de laine); — **Sheffield** (coutellerie); — **Édimbourg**, capitale de l'Écosse; — **Hull**, grand port; — **Newcastle**, port pour l'exportation de la *houille*.

482. Colonies anglaises. — Les Anglais possèdent d'**immenses colonies***, dont les principales sont : l'**INDE ANGLAISE** (p. 41), en Asie, chef-lieu **Calcutta**; — la *Confédération du Canada* (p. 45), dans l'Amérique du Nord, villes principales : *Québec* et *Montréal;* — l'**AUSTRALIE** (p. 41), au sud-est de l'Asie, villes principales: **Melbourne** et **Sydney**; — la colonie **du Cap** (p. 43), dans le sud de l'Afrique, chef-lieu **le Cap**. — Les colonies anglaises réunissent au total le chiffre formidable de **220 millions** d'habitants (colonies françaises: **20** millions d'hab.).

DANEMARK

483. Le petit royaume de **Danemark** (2 millions d'hab.), réduit de moitié par la Prusse, depuis 1864, se compose de la partie nord du *Jutland* et des îles de l'archipel danois, dont les deux plus importantes sont *Séeland* et *Fionie*.

La capitale est **Copenhague** (270 000 hab.), port sur le Sund, dans l'île de Séeland.

Le Danemark est un pays agricole.

484. Le Danemark possède en Europe les îles *Far-Œr* et l'*Islande;* — en Amérique (p. 45) le *Groenland* et l'île *Saint-Thomas*.

SUÈDE ET NORVÈGE

485. La **Suède** et la **Norvège** (6 millions 1/2 d'hab.), bien que gouvernées par le même roi, forment deux États distincts.

La capitale de la Suède est **Stockholm** (200 000 hab.), port sur la Baltique.

La capitale de la Norvège est **Christiania** (120 000 hab.), port sur le Skager-Rack.

486. La Suède et la Norvège possèdent d'immenses forêts de **sapins** et de riches mines de **fer**.

La Norvège a une des premières marines marchandes du monde.

487. Le Danemark, la Suède et la Norvège sont souvent désignés sous le nom de *pays scandinaves*.

RUSSIE D'EUROPE

488. L'empire de **RUSSIE** (86 millions d'hab.) occupe *plus de la moitié* de l'Europe.

La capitale de l'empire est **Saint-Pétersbourg** (930 000 hab.), port à l'embouchure de la *Néva*, sur la Baltique, fondé en 1703 par Pierre* le Grand.

489. Les principales villes sont : **Moscou** (750 000 hab.), au centre, ancienne capitale de l'empire; — **Varsovie** (400 000 hab.), à l'ouest, ancienne capitale de la **Pologne**[1]; — **Odessa**, port sur la mer Noire, exporte beaucoup de blé; — **Riga**, port sur la mer Baltique; — **Kiev**, sur le Dniéper.

490. Possessions russes en Asie. — La Russie possède en Asie (p. 41) la *Transcaucasie* (6 millions d'hab.), c'est-à-dire le pays situé au sud du Caucase; — la **Sibérie** ou **Russie d'Asie** (4 millions d'hab.), immense pays, très peu peuplé; — diverses provinces dans l'*Asie Centrale* (5 millions d'hab.). — Au total, 15 millions d'habitants.

491. Richesses. — Après les États-Unis, c'est la Russie qui produit le plus de **BLÉ**; elle produit autant de **chanvre** et de **lin** que tout le reste de l'Europe. Les montagnes de l'Oural et de la Sibérie renferment des mines **d'or**.

PORTUGAL

492. — Le **Portugal** (5 millions d'hab.) est un petit royaume situé à l'ouest de l'Espagne.

La capitale est **Lisbonne** (250 000 hab.), port sur l'Atlantique; — la seconde ville est *Porto*, sur le Douro, qui fait un grand commerce de vins. — Les îles *Açores* et les îles *Madère*, situées dans l'océan Atlantique (p. 43), forment deux provinces du Portugal.

493. Colonies portugaises. — Le Portugal possède en Afrique (p. 43) les îles du *Cap-Vert*, l'*Angola* et le *Benguela*, sur la côte occidentale; — le *Mozambique*, sur la côte orientale. Il a aussi quelques villes dans l'Inde et la Chine (p. 41). — **Au total, 3 millions** et demi d'habitants.

ESPAGNE

494. La majeure partie de l'**Espagne** (17 millions d'hab.) est assise sur le grand plateau hispanique, très élevé au-dessus du niveau de la mer.

La capitale est **Madrid** (500 000 hab.), au centre de l'Espagne. — Les villes principales sont : **Barcelone** (250 000 hab.), sur la Méditerranée, le principal port de l'Espagne; — **Malaga**, au sud, sur la Méditerranée, ville renommée pour ses vins; — **Valence**, à l'est, près de la Méditerranée; — **Séville**, au sud, sur le Guadalquivir; — *Cadix*, au sud, port de guerre sur l'Atlantique; — *Grenade*, au sud.

495. Les îles *Baléares*, qui comprennent *Minorque*, *Majorque*, dans la Méditerranée, et les îles *Canaries*, sur la côte nord-ouest de l'Afrique (p. 43), appartiennent à l'Espagne.

1. Pour une étude plus complète de l'Europe, voir la *Deuxième année de géographie*, pages 42 et suivantes.

1. Ce royaume, autrefois indépendant, est aujourd'hui partagé entre la Russie, la Prusse et l'Autriche.

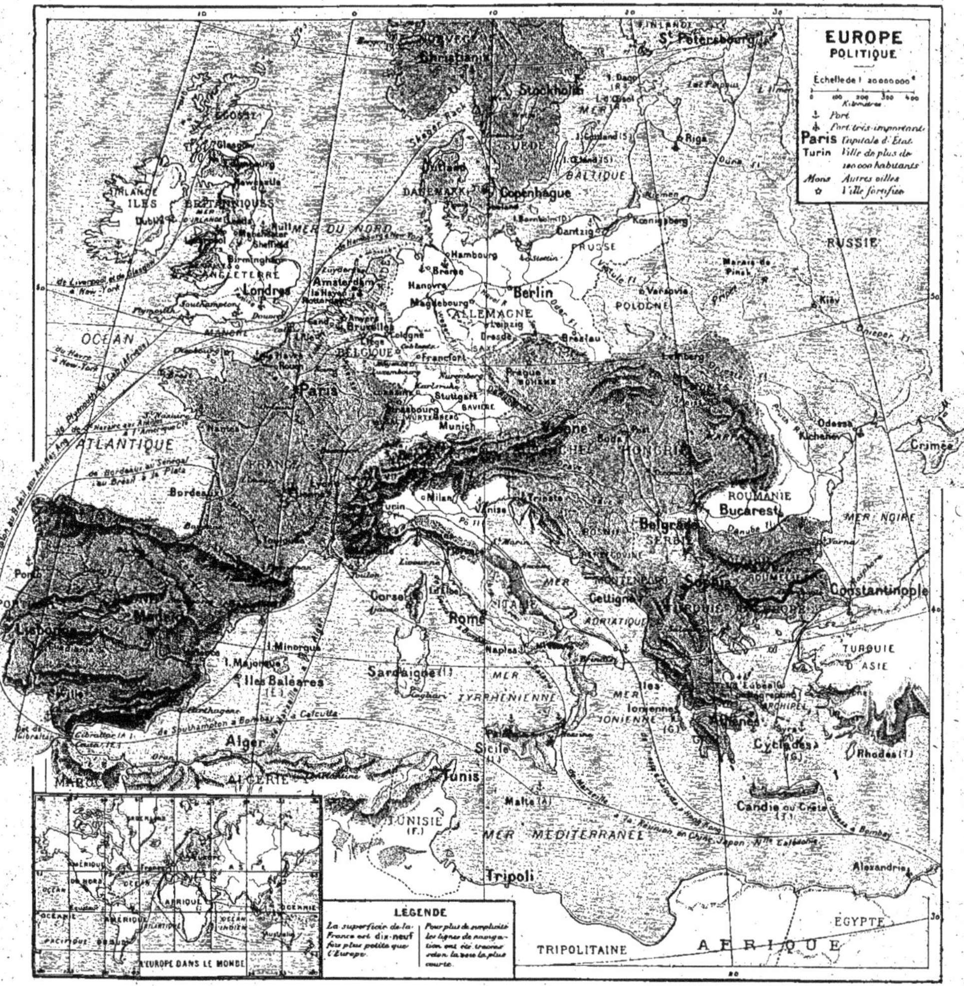

Questions de Certificat d'études

(Voir la carte.)

Devoir 111 [99]. — **1**. Quelle est l'*étendue* de l'Europe par rapport à l'Asie? à l'Afrique? à l'Amérique? à la France? — **2**. Quelle est son *importance?* — **3**. En combien de *contrées* l'Europe est-elle divisée? — **4**. Citez ces contrées avec leurs capitales en descendant du *nord* au *sud*.

Devoir 112 [100]. — **1**. Quelles sont, en allant du nord à l'est, au sud et à l'ouest, les bornes de l'*Autriche-Hongrie?* — **2**. de l'*Allemagne?* — **3**. de l'*Italie?* — **4**. de l'*Espagne?* — **5**. du *Portugal?* — **6**. de la *Turquie?* — **7**. de la *Hollande?* — **8**. de la *France?* — **9**. de la *Suisse?* — **10**. de la *Belgique?* — **11**. de la *Grèce?* — **12**. de la *Russie?* (voir Europe physique). — **13**. de la *Suède* et de la *Norvège?*

Devoir 113 [101]. — **1**. Quelles sont, avec leurs capitales, les six *grandes puissances* de l'Europe? — **2**. Citez une très importante possession française sur la côte d'*Afrique*. — **3**. Citez deux capitales sur le *Danube*. — **4**. une capitale sur la *Tamise*. — **5**. sur la *Seine*. — **6**. sur la *Sprée*. — **7**. sur le *Bosphore*. — **8**. sur le *Sund*. — **9**. sur le *Skager-Rack*. — **10**. sur la *Néva*. — **11**. sur la *mer Baltique*. — **12**. sur le *Tibre*. — **13**. sur le *Tage*. — **14**. sur le *Zuyderzée*. — **15**. Quelle est la *première* ville de commerce du monde entier? — **16**. Quelle est la *seconde* ville de commerce? — **17**. Sous quels noms sont souvent désignées les *îles Britanniques?* — **18**. En combien de *parties* principales partage-t-on les îles Britanniques? — **19**. Quelles sont, du nord au sud, les principales *villes* des Iles Britanniques? — **20**. Quelles sont les principales *colonies* anglaises? — **21**. Qu'est-ce qui fait la richesse de l'Angleterre?

Devoir 114 [102]. — **1**. Citez un port important sur le *Weser*. — **2**. sur l'*Elbe*. — **3**. sur l'*Escaut*. — **4**. sur la *mer d'Irlande*. — **5**. sur le *Tage*. — **6**. sur la *Seine*. — **7**. sur la *Loire*. — **8**. sur la côte orientale d'*Espagne*. — **9**. sur la côte méridionale de la *France*. — **10**. sur la *Duna*. — **11**. sur la *Néva*. — **12**. au fond de l'*Adriatique*. — **13**. sur la côte nord-ouest de l'*Italie*. — **14**. De quels territoires se compose le petit royaume de *Danemark?* — **15**. Quelles sont les autres possessions des *Danois?* — **16**. Quelles sont les capitales de la *Suède* et de la *Norvège?* — **17**. Les principales productions? — **18**. Quels sont les *pays scandinaves?* — **19**. Quelle est l'étendue de la *Russie* par rapport à l'Europe? — **20**. Quelles sont, du nord au sud, les principales *villes* de la Russie? — **21**. Quelles sont les nations qui se sont partagé l'ancien royaume de *Pologne?* — **22**. Quelles sont les possessions russes en *Asie?* — **23**. Quelles sont les principales productions de la Russie?

496. L'Espagne possède des mines de **fer**, de *cuivre*, de *mercure*, de plomb. Elle produit beaucoup de **vins**. Malgré ses richesses naturelles, c'est un pays arriéré et peu peuplé.

497. Colonies espagnoles. — L'Espagne, qui a conservé quelques-unes de ses immenses colonies d'autrefois, possède encore l'île très fertile de **CUBA** (p. 45), chef-lieu **la Havane**, et *Porto-Rico*, entre les deux Amériques; — les îles *Philippines*, chef-lieu *Manille*, en Océanie (p. 41). — Au total, 8 millions d'habitants.

498. La petite république d'*Andorre*, dans les Pyrénées, est placée sous le protectorat de l'Espagne et de la France.

499. Gibraltar, dont les canons commandent le détroit, appartient aux Anglais.

HOLLANDE

500. La **Hollande** (4 millions d'hab.), quelquefois appelée *Néerlande* ou **Pays-Bas**, forme un petit royaume situé au nord de la Belgique. C'est une plaine marécageuse*, dont le niveau est en partie **au-dessous** de celui de la mer, ce qui a obligé de construire des *digues** pour la préserver des inondations. De là vient le nom de *Pays-Bas* (terres basses).

La capitale est **Amsterdam** (360 000 hab.), port sur le golfe de Zuyderzée. — Les villes principales sont : **Rotterdam** (165 000 hab.), port sur le Rhin; — **La Haye** (130 000 hab.) résidence du roi.

501. Le grand-duché de *Luxembourg*, situé au sud-est de la Belgique, a pour souverain le roi de Hollande.

502. Colonies hollandaises. — La Hollande est un pays très commerçant; elle possède d'**importantes colonies** (30 millions d'habitants). Les principales sont dans l'Océanie (p. 41), savoir : les îles de la *Sonde* (Sumatra, **JAVA**, *Madura*, *Timor*), cap. **Batavia**; — Bornéo — et une partie de la Nouvelle-Guinée. — Les Hollandais ont aussi en Amérique (p. 45) la Guyane et quelques îles.

BELGIQUE

503. La **Belgique** (5 millions 1/2 d'hab.) est un petit royaume très actif, très industrieux, situé au nord de la France; elle est arrosée par l'*Escaut* et la *Meuse*, et couverte au sud-est par le plateau des *Ardennes*.

504. La Belgique possède de riches mines de **houille**, dont les principaux centres sont *Liège*, *Namur*, *Mons* et *Charleroi*.

505. La capitale est **Bruxelles** (390 000 hab.).

506. Les autres grandes villes sont **Anvers** (180 000 hab.), port marchand fréquenté par toutes les marines européennes; — **Gand**, ville manufacturière, centre belge de la fabrication des cotonnades et des toiles; — *Namur*, **Liège** centres métallurgiques.

507. Les Belges parlent français et flamand.

508. Depuis 1885, le roi des Belges est personnellement *souverain* de l'État neutre du **Congo**, en Afrique (p. 43).

SUISSE

509. La **Suisse** (3 millions d'hab.) est un petit pays situé dans les *Alpes*, à l'est de la France; c'est le plus **montagneux**, le plus pittoresque et l'un des plus industrieux de l'Europe.

510. Le Rhin y forme le lac de *Constance*, — le Rhône y forme le lac de *Genève*.

511. La Suisse est une Confédération composée de 22 *cantons* qui forment autant de petites républiques indépendantes, mais subordonnées à un gouvernement central dont le siège est à *Berne* (44 000 hab.), sur l'Aar, affluent du Rhin.

512. Les autres villes importantes sont **Zurich** (75 000 hab.), sur le lac du même nom, ville très industrieuse; — *Genève* (70 000 hab.), sur le lac du même nom, célèbre pour son *horlogerie*; — *Bâle* (60 000 hab.), sur le Rhin.

EMPIRE D'ALLEMAGNE

513. L'empire d'**ALLEMAGNE** (45 millions d'hab.) ne date que de 1871. Il a été constitué après la guerre de 1870-71, où nous avons perdu l'**Alsace-Lorraine**. Le pouvoir impérial appartient au roi de Prusse, qui règle tout ce qui concerne la paix, la guerre, les finances et le commerce.

514. Divisions. L'empire d'Allemagne est une Confédération de **27 États**, dont les principaux sont:

Le royaume de **Prusse** (27 millions d'hab.), capitale **Berlin** (1 100 000 hab.), sur la Sprée, grande ville industrielle et commerçante; — le royaume de *Bavière* (5 millions d'hab.), capitale **Munich** (230 000 hab.); — le royaume de *Saxe* (3 millions d'hab.), capitale **Dresde** (220 000 hab.), sur l'Elbe; — le royaume de *Wurtemberg* (2 millions d'hab.), capitale **Stuttgart** (117 000 hab.) — le grand-duché de *Bade* (1 million 1/2 d'hab.), capitale *Carlsruhe*.

515. Autres villes. — Les autres villes importantes de l'empire sont : **Hambourg** (400 000 hab.), sur l'Elbe, le premier port de l'Allemagne; — **Breslau** (270 000 hab.), ville industrielle sur l'Oder; — **Cologne**, ville commerçante sur le Rhin; — **Magdebourg**, ville industrielle sur l'Elbe; — **Kœnigsberg**, port sur la Baltique; — **Leipzig**, ville commerçante (librairie); — **Hanovre**; — **Francfort-sur-le-Main**; — **Dantzig**, port à l'embouchure de la Vistule; — **Brême**, port sur le Weser; — *Stettin*, port à l'embouchure de l'Oder; — *Mayence* et *Coblentz*, sur le Rhin.

516. Richesses de l'Allemagne. — L'Allemagne est le pays qui produit le plus de *fer* et de **houille** après l'Angleterre et les États-Unis. L'industrie, le commerce et la marine de l'Allemagne font, par leurs *progrès*, une **concurrence redoutable** à la France et à l'Angleterre.

517. Colonies. — L'Allemagne vient d'établir des colonies sur les côtes de l'Afrique (p. 43), et dans quelques îles de l'Océanie (p. 41).

AUTRICHE-HONGRIE

518. L'empire d'**Autriche-Hongrie** (38 millions d'hab.) comprend l'empire d'**Autriche**, cap. **Vienne** (1 million 100 000 hab.), port sur le Danube, et le royaume de **Hongrie**, cap. **Buda-Pest** (360 000 hab.), port sur le Danube.

Les villes principales sont : **Prague** (160,000 hab.), ancienne capitale de la Bohême; — **Trieste** (145 000 hab.), grand port au fond de la mer Adriatique.

519. L'Autriche possède des mines de *fer* et de **houille**, ainsi que de vastes forêts. La Hongrie produit du **blé** en abondance.

ITALIE

520. L'**Italie** (29 millions d'hab.) comprend la plaine très peuplée et très fertile du **Pô** et la péninsule montagneuse des *Apennins*, avec les îles de *Sardaigne* et de *Sicile*.

521. La capitale du royaume d'Italie est **Rome** (300 000 hab.), sur le Tibre, résidence du **Pape***, ancienne capitale de l'empire romain, ville fameuse par le nombre et la beauté de ses ruines et de ses monuments.

522. Les autres villes remarquables sont : **Naples** (500 000 hab.), port sur la mer Tyrrhénienne, la ville la plus peuplée de l'Italie, au pied du volcan du *Vésuve*; — **Palerme** (245 000 hab.), port principal de la Sicile; — **Turin** (250 000 hab.), sur le Pô; — **Milan** (320 000 hab.), dans la vallée du Pô; — **Florence**, sur l'Arno; — **Gênes**, port sur le golfe du même nom; — **Venise**, port au fond de l'Adriatique; — **Messine**, port de Sicile, sur le détroit du même nom.

523. L'île d'*Elbe*, où fut relégué Napoléon Ier, en 1814, fait partie de l'Italie.

524. L'Italie produit beaucoup de *riz*, de *vin* et de **soie**. Grâce à sa situation, elle a une *marine marchande* très importante.

525. Colonies. — L'Italie a établi des colonies sur les côtes africaines de la *mer Rouge* (p. 43).

TURQUIE D'EUROPE

526. Il n'y a en Europe que la plus petite partie de l'**empire turc** ou empire ottoman. Sur 31 millions d'habitants, 22 millions se trouvent en **Asie**. (Turquie d'Asie et Arabie, page 41) et en **Afrique** (Égypte et Tripoli page 43).

527. Dans la Turquie d'Europe il n'y a que 4 millions d'habitants qui soient véritablement sujets du sultan. 5 autres millions habitent : la principauté vassale* de **Bulgarie**, — la province autonome* de *Roumélie*, — les provinces de *Bosnie* et d'*Herzégovine*, occupées par les troupes autrichiennes.

528. L'île de *Candie* ou de Crète dépend de la Turquie d'Europe.

529. La capitale de l'empire ottoman est **Constantinople** (700 000 hab.), port sur le Bosphore.

Les autres villes importantes sont : *Andrinople*; — *Salonique*, port sur l'Archipel.

530. L'empire Ottoman est le pays le plus arriéré de l'Europe.

ROUMANIE — SERBIE — MONTÉNÉGRO

531. Le traité de Berlin a complètement affranchi de la Turquie les royaumes de **Roumanie** (5 millions d'hab.), cap. **Bucarest** (220 000 hab.), — de **Serbie** (2 millions d'hab.), cap. *Belgrade* — et la principauté de **Monténégro** (250 000) hab.), cap. *Cettigne*.

532. La *Roumanie* est un pays qui produit beaucoup de **blé**. — La Serbie et surtout le Monténégro sont encore fort **arriérés** : ce ne sont que de petits États militaires.

GRÈCE

533. La **Grèce** (2 millions d'hab.) forme un petit royaume au sud de la Turquie.

534. La capitale de la Grèce est **Athènes** (85 000 hab.), célèbre par les souvenirs de l'antiquité.

L'île d'*Eubée* ou *Négrepont*, les *Cyclades* et les îles *Ioniennes* dépendent de la Grèce.

535. La Grèce, malgré sa petitesse, a une *marine importante* et fait un *grand commerce* dans la Méditerranée.

Questions de Certificat d'études (*Suite*).

(Voir la carte.)

Devoir 115 [103]. — **1.** Quelles sont les principales colonies *portugaises ?* — **2.** Quelle est la *capitale* du Portugal ? — **3.** Quelle est la *seconde ville* du Portugal ? — **4.** Sur quel *plateau* l'Espagne est-elle située ? — **5.** Quelles sont, du nord au sud, les principales *villes* d'Espagne ? — **6.** Quelles sont les principales *colonies* espagnoles ? — **7.** Quelles sont les principales *productions* de l'Espagne ? — **8.** Expliquez le nom de *Pays-Bas* donné à la Hollande. — **9.** Quelles sont les *colonies hollandaises ?* — **10.** Quelle est la capitale et quelles sont les principales villes de la *Hollande ?* — **11.** Que savez-vous sur le grand-duché de *Luxembourg ?*

Devoir 116 [67]. — **1.** Par quel petit pays la France est-elle bornée au nord ? — **2.** Quelle est la capitale de ce royaume ? — **3.** Combien la Belgique compte-t-elle d'habitants ? — **4.** Quelles sont les principales villes de la Belgique ? — **5.** Citez d'autres villes, centres de bassins houillers. — **6.** Quelles sont les bornes de la Belgique ? — **7.** Quels sont les cours d'eau qui traversent la Belgique ? — **8.** Citez un port marchand de la Belgique, très fréquenté. — **9.** Quelle est la principale production de la Belgique ?

Devoir 117 [66]. — **1.** Par quelle chaîne de montagnes et par quel lac la Suisse est-elle séparée de la France ? — **2.** Quels sont les deux grands fleuves qui prennent leur source en Suisse ? — **3.** Quelle sorte de gouvernement forme la Suisse ? — **4.** Quelle est la capitale fédérale de la Suisse ? — **5.** Citez avec leur position d'autres villes suisses. — **6.** A quoi la Suisse doit-elle son aspect pittoresque ?

Devoir 118 [104]. — **1.** Quelle est la ville la plus *peuplée* de l'Italie ? — **2.** Près de quel *volcan* cette ville est-elle située ? — **3.** Que savez-vous sur la *capitale* de l'Italie ? — **4.** Quelles sont, du nord au sud, les villes remarquables de l'Italie ? — **5.** Citez une *île* d'Italie où fut relégué Napoléon Ier en 1814. — **6.** Citez dans la Méditerranée deux *grandes îles* qui appartiennent à l'Italie. — **7.** Quelles sont les productions de l'Italie ?

Devoir 119 [105]. — **1.** De quelles différentes façons désigne-t-on la *Turquie ?* — **2.** Où est situé *Constantinople ?* — **3.** Quelle est la population totale de l'empire ottoman ? — **4.** Quelles sont ses dépendances en Asie ? — **5.** en Afrique ? — **6.** en Europe ? — **7.** Quelles sont les villes importantes de la *Turquie d'Europe ?* — **8.** Citez dans la Méditerranée une *île* qui appartient à la Turquie. — **9.** De quel État *Belgrade* est-il la capitale ? — **10.** *Bucarest ?* — **11.** *Cettigne ?*

Devoir 120 [106]. — **1.** Citez un *petit royaume* situé au sud de la Turquie. — **2.** Quelle est la *capitale* de ce royaume ? — **3.** Citez une *île* et deux *groupes d'îles* qui dépendent de la Grèce. — **4.** Citez un *empire* qui s'est constitué à la faveur de nos désastres. — **5.** Citez, avec leurs capitales, les *cinq* principaux États dont se compose l'empire d'Allemagne. — **6.** Sur quels cours d'eau sont situés : Hambourg ? — **7.** Brême ? — **8.** Stettin ? — **9.** Dantzig ? — **10.** Francfort ? — **11.** Mayence ? — **12.** Coblentz ? — **13.** Cologne ?

Devoir 121 [107]. — **1.** De quels États les villes suivantes sont-elles les capitales : *Berlin ?* — **2.** *Munich ?* — **3.** *Stuttgart ?* — **4.** *Dresde ?* — **5.** *Carlsruhe ?* — **6.** Quel est le souverain qui porte le titre d'*empereur d'Allemagne ?* — **7.** Quelles sont ses attributions ? — **8.** Quel est le *premier port* de l'Allemagne ? — **9.** Citez d'autres ports. — **10.** Quelles sont les productions de l'Allemagne ? — **11.** A quels pays fait-elle concurrence ? — **12.** Où vient-elle d'établir des colonies ? — **13.** Quelles sont, du nord au sud, les principales villes de l'Allemagne ? — **14.** Dites, en consultant les cartes des cinq parties du monde, quelle route suivrait un navire qui partirait des ports suivants pour aller à l'*isthme de Suez :* de *Hambourg ?* — **15.** de *Saint-Pétersbourg ?* **16.** de *Marseille ?* — **17.** de *Gênes ?* — **18.** de *Venise ?* **19.** d'*Odessa ?* — **20.** De quels *ports européens* partent les principales lignes pour New-York ?

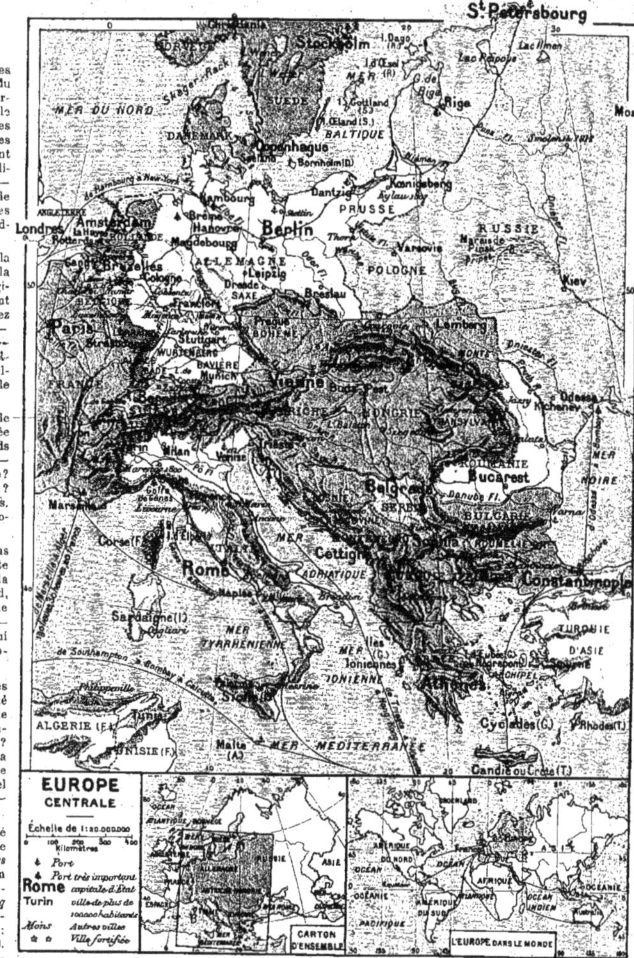

Devoir 122 [108]. — **1.** Citez un *fleuve très important* qui prend sa source dans le grand-duché de Bade et qui se jette dans la mer Noire. — **2.** Citez quatre véritables *ports* situés sur ce fleuve. — **3.** Quels sont les deux États compris dans l'*Autriche-Hongrie ?* — **4.** Quelle est la *capitale* de l'Autriche ? — **5.** de la *Hongrie ?* — **6.** Citez une ville, ancienne capitale de la *Bohême*. — **7.** Citez un grand port autrichien sur l'*Adriatique*. — **8.** Citez une chaîne de *montagnes* en Hongrie. — **9.** Quelles sont les productions de l'Autriche ? — **10.** de la Hongrie ?

Devoir 123 [109]. — **1.** Qu'est-ce qu'une *contrée ?* — **2.** une *ville capitale ?* — **3.** Qu'appelle-t-on *gouvernement ?* — **4.** *monarchie ?* — **5.** *royaume ?* — **6.** *empire ?* — **7.** *république ?* — **8.** Dans une *république*, à qui le pouvoir est-il confié ordinairement ? — **9.** Quelles sont les différentes *religions* professées en Europe ? — **10.** Quels sont les pays d'Europe qui professent la religion *catholique ?* — **11.** la religion *grecque ?* — **12.** la religion *protestante ?* — **13.** la religion *juive ?* — **14.** Citez une grande colonie *anglaise* en *Asie*. — **15.** en *Amérique*. — **16.** dans le sud de l'*Afrique* — **17.** dans l'*Océanie*. — **18.** Citez une grande colonie *française* en Afrique. — **19.** Quelles sont les possessions *russes* en Asie ? — **20.** Quelles sont les possessions *espagnoles* en Océanie ? — **21.** en Amérique ? — **22.** sur la côte d'Afrique ?

124 [111]. — **Exercice cartographique** (programme de 1882). — « Écrivez » la carte *muette* de l'Europe politique jusqu'à ce que vous puissiez l'écrire de mémoire [1]. — Tracez une carte d'Europe à main levée.

1. La liste des cartes muettes se trouve en regard de la page 1. — Pour l'enseignement collectif voir la carte murale n° 13, par M. Vidal-Lablache, 6 fr. 50.

ASIE

Suivre sur la carte.

GÉOGRAPHIE PHYSIQUE

536. Étendue comparée. — L'Asie, qui occupe la partie nord-est de l'ancien continent, est **5** fois plus grande que l'Europe et **85** fois plus grande que la France.

537. Mers, golfes et lacs. — L'océan Pacifique forme sur la côte orientale d'Asie : la mer de *Béring*, — la mer d'*Okhotsk*, — la mer du *Japon*, — la mer *Jaune*, — la mer *Orientale*, — la mer de *Chine* — et le golfe de *Siam*.

L'océan Indien forme sur la côte sud d'Asie : le golfe du **Bengale**, — le golfe d'**Oman**, — le golfe *Persique*, — le golfe d'*Aden*, — la mer **Rouge**.

A l'intérieur, se trouvent la mer **Caspienne**, — la mer d'*Aral* — et le lac *Baïkal*.

538. Iles et groupes d'îles. — Les îles les plus remarquables de l'Asie sont : *Yéso* et **Niphon** (**Japon**) ; — Formose (aux Chinois), — **Ceylan** (aux Anglais), — *Rhodes* (aux Turcs), — *Chypre* (aux anglais).

539. Détroits. — Les principaux détroits de l'Asie sont : le détroit de *Béring* ; — le détroit de **Malacca** ; — le détroit d'*Ormuz* ; — le détroit de **Bab-el-Mandeb**.

540. Presqu'îles. — Les principales presqu'îles de l'Asie sont : le *Kamtchatka* (Sibérie russe), — la *Corée*, — l'**Indo-Chine** terminée par la presqu'île de *Malacca* ; — l'**Hindoustan** (aux Anglais), — l'**Arabie**, — l'*Asie Mineure* (Turquie d'Asie).

541. Plateaux et montagnes. — L'Asie est la partie du globe où se trouvent les montagnes et les plateaux les plus élevés.

Au centre est le grand **plateau central**, entouré et parcouru par de grandes chaînes de montagnes, parmi lesquelles on distingue, au sud, les monts **HIMALAYA**, le plus haut massif du globe (mont *Gaourisankar* 8840 mètres) ; — au nord, les monts **Célestes** et les monts **Altaï**. — Une partie de ce plateau est occupée par le grand désert de *Gobi* ou de *Chamo*.

Au sud se trouve le plateau du *Dékan*, qui occupe la partie méridionale de l'Hindoustan ; — à l'ouest, est le plateau de la *Perse*.

On remarque encore les monts **Caucase** et les monts **Ourals**, entre l'Europe et l'Asie.

542. Plaines. — La principale plaine de l'Asie est celle de **Sibérie**, qui fait suite à la plaine de l'Europe.

543. Fleuves. — La plupart des grands fleuves de l'Asie descendent du grand **plateau central**. Les principaux sont : l'*Obi*, l'*Iénisséi* et la *Léna* ; — l'*Amour* ; — le **Hoang-Ho** ou fleuve *Jaune*, et le **Yang-tse-Kiang** ou fleuve *Bleu* ; — le *Cambodge* ; — le **Gange** ; — le **Sind** ou **Indus** ; — le **Tigre** et l'**Euphrate**.

GÉOGRAPHIE POLITIQUE

POSSESSIONS EUROPÉENNES

544. Possessions russes. — La Russie possède la **Sibérie** (4 millions d'hab.), ville principale *Irkoutsk* ; — la **Transcaucasie** (6 millions d'hab.), cap. *Tiflis* ; — le *Turkestan occidental* (5 millions d'hab.), ville principale *Tachkend*.

545. Possessions anglaises. — L'Angleterre possède l'immense presqu'île de l'**HINDOUSTAN** (204 millions d'hab.). Elle importe* des **étoffes** de coton et en exporte* surtout du **coton brut**, de l'opium*, du riz et de l'indigo*.

Villes principales : **Calcutta** (770 000 hab.), chef-lieu des possessions anglaises. — Les autres grandes villes sont : **Bombay** (775 000 hab.), grand port sur le golfe d'Oman ; — **Madras** ; — **Bénarès** ; — *Pointe-de-Galles*, port important dans l'île de **Ceylan**.

546. Outre son empire des Indes, l'Angleterre possède au sud de l'Arabie, **Aden**, port de relâche sur la route de l'Inde ; — au sud de l'Indo-Chine, *Malacca* et **Singapour**, port de relâche sur la route de Chine ; — sur les côtes de la *Chine*, le port de **Hong-Kong**, qui vend de l'*opium* aux Chinois et leur achète du *thé*.

547. Possessions françaises. — La France qui, au milieu du siècle dernier, était puissante dans l'Inde, y possède encore les villes de **Pondichéry** (40 000 hab.), — *Chandernagor*, — *Yanaon*, — *Karikal*, — *Mahé*. — Au total, 300 000 hab.

548. La France s'est créé un nouvel empire colonial dans l'**Indo-Chine** orientale. Elle y possède la **Cochinchine** (1 600 000 hab.), cap. *Saïgon*, — et le **Tonkin** (15 millions d'hab.), cap. *Hanoï*, pays très fertile en riz. — Elle protège le royaume de *Cambodge* et l'empire d'*Annam*, cap. *Hué*.

549. Possessions portugaises. — Le *Portugal* a conservé dans l'Inde la ville de **Goa**, — et près de Hong-Kong, celle de *Macao*.

550. Partie asiatique de l'empire turc. — Dans la partie asiatique de l'**empire turc**, les principales villes (**Smyrne**, *Beyrouth*, etc.), sont situées sur la Méditerranée, et portent le nom d'*Échelles* du Levant* (autrement dit *Ports de l'Est*). Il faut citer aussi *Brousse*, *Damas*, *Bagdad* et **Jérusalem***.

551. L'ouest de l'**Arabie** dépend aussi de l'empire turc. C'est là que se trouvent les villes saintes des Musulmans, *Médine* et **la Mecque**.

Le reste de l'Arabie est en grande partie désert.

ÉTATS ASIATIQUES

552. Les États purement asiatiques sont :

1° L'immense empire **CHINOIS** (375 millions d'hab.), cap. **Pékin** (1 000 000 d'hab.) ; villes principales : **Canton**, grand port chinois ; — **Tien-tsin**, — **Nankin** et plusieurs autres villes très peuplées. — **Chang-Haï** est un des ports chinois ouverts aux Européens, qui apportent en Chine de l'**opium**, des **étoffes** de coton et de laine, et qui prennent en échange du **thé** et de la **soie* brute**.

L'empire chinois se compose de la *Chine proprement dite* et de pays tributaires, dont les principaux sont : la *Mandchourie*, — la *Mongolie*, — le *Tibet*, — le *Turkestan* oriental.

2° La *Corée*, royaume vassal de la Chine (7 millions d'hab.).

3° Le **Japon** (36 millions d'hab.), empire composé principalement des îles *Yéso* et *Niphon*. — Les villes principales sont **Tokio** (825 000 hab.), et *Kioto* (anciennement Miako). — **Nagasaki** et **Yokohama** sont deux ports fréquentés par les Européens.

4° Dans l'Indo-Chine, le royaume de **Siam**, cap. *Bangkok*, — et l'empire **Birman**, cap. *Mandalé*.

5° L'*Afghanistan*, cap. *Caboul*.

6° Le *Baloutchistan*, cap. *Kélat*.

7° **La Perse** (7 millions d'hab.), cap. *Téhéran*, villes principales : *Tauris*, *Ispahan*, ancienne capitale.

OCÉANIE

553. L'**Océanie** se compose d'une terre principale, l'**Australie**, et d'une infinité d'îles disséminées dans l'océan Pacifique. On divise ordinairement l'*Océanie* en trois parties : la *Malaisie*, la *Mélanésie* et la *Polynésie*.

554. L'**AUSTRALIE**, ou *Nouvelle-Hollande* (3 millions d'hab.), appartient aux **Anglais**. Les villes les plus importantes sont : **Melbourne** (285 000 hab.) et **Sydney** (225 000 hab.). Le sol de l'Australie recèle de riches mines d'or et d'argent, et ses pâturages nourrissent un nombre considérable de moutons qui fournissent une prodigieuse quantité de **laine**.

555. La *Nouvelle-Zélande*, ville principale *Auckland*, appartient également aux Anglais.

556. Les autres grandes îles de l'Océanie sont : les îles de la **Sonde** (aux Hollandais). Les plus importantes de ces îles sont : *Sumatra*, — **JAVA**, cap. **Batavia**, port de commerce actif, — *Bornéo* — et *Timor*.

L'île *Célèbes* et l'archipel des *Moluques* appartiennent également aux Hollandais.

557. L'archipel des **Philippines** appartient aux Espagnols. L'île principale est l'île *Luçon*, avec le port de *Manille*, pour capitale.

558. La France possède, depuis 1853, la **Nouvelle-Calédonie**, dont elle a fait une colonie pénitentiaire* ; ville principale *Nouméa*. C'est à elle aussi qu'appartiennent **Taïti**, les îles Marquises, etc. (p. 47).

559. Les côtes de la *Nouvelle-Guinée*, dont l'intérieur, mal connu, est peuplé par des nègres anthropophages, appartiennent à la Hollande, à l'Angleterre et à l'Allemagne.

Questions de Certificat d'études.

(Voir la carte).

Devoir 125 [112]. — **1.** Quelle est l'*étendue* de l'Asie par rapport à l'Europe ? — **2.** Quels sont les *mers* formées par l'océan Indien ? — **3.** par l'océan Pacifique ? — **4.** Quelles sont les *bornes* de l'Asie ? — **5.** Entre quels pays sont situés les golfes ou mers suivantes : la mer *Rouge* ? — **6.** le golfe d'*Aden* ? — **7.** le golfe *Persique* ? — **8.** le golfe d'*Oman* ? — **9.** le golfe du *Bengale* ? — **10.** Quels sont les pays séparés par le détroit de *Bab-el-Mandeb* ? — **11.** d'*Ormus* ? — **12.** de *Malacca* ? — **13.** de *Béring* ? — **14.** Entre quelles mers ou golfes les presqu'îles suivantes sont-elles situées : *Asie Mineure* ? — **15.** *Arabie* ? — **16.** *Hindoustan* ? — **17.** presqu'île de *Malacca* ? — **18.** *Indo-Chine* ? — **19.** *Corée* ? — **20.** *Kamtchatka* ?

Devoir 126. [113]. — **1.** Citez, de l'ouest à l'est, les *îles* et *groupes d'îles* les plus remarquables de l'Asie. — **2.** Où se trouvent situées et à qui appartiennent les îles suivantes : Yéso ? — **3.** Niphon ? — **4.** Formose ? — **5.** Ceylan ? — **6.** Rhodes ? — **7.** Chypre ? — **8.** Citez les principaux *plateaux* et les principales *montagnes* de l'Asie. — **9** Citez, à partir du nord-est, les principaux fleuves de l'Asie, dites les pays qu'ils traversent et dans quelle mer ils se

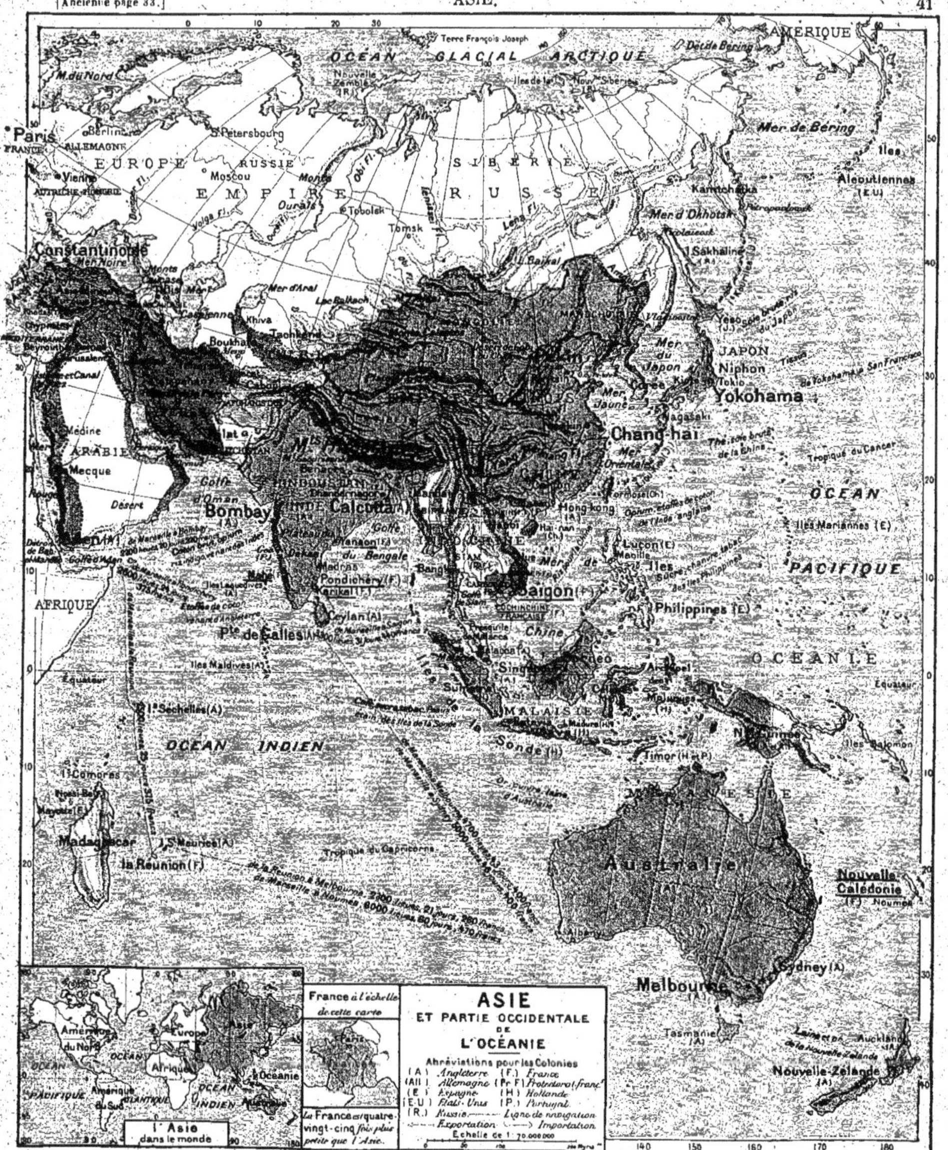

jettent? — **10**. Quel est le plus haut *massif* du globe? — **11**. Quelle est l'étendue de la *France* par rapport à l'*Asie?*

* **Devoir 127.** — **1**. Citez une possession anglaise au sud de l'*Arabie*. — **2**. entre le golfe d'*Oman* et le golfe du *Bengale* (villes, fleuves, etc.). — **3**. au sud de l'*Indo-Chine*. — **4**. sur les côtes de *Chine?* — **5**. Citez une possession russe au *nord* de l'Asie. — **6**. des possessions françaises dans l'*Hindoustan*. — **7**. le long de la *mer de Chine*. — **8**. Qu'appelle-t-on *échelles* du Levant?* — **9**. Quelles sont les régions qui font partie du territoire turc en Asie? — **10**. Quelles sont les principales villes de Chine? — **11**. Quels sont les pays tributaires? — **12**. Parlez du Japon. — **13**. Citez, avec leurs capitales, trois pays indépendants, au nord-ouest de l'Hindoustan. — **14**. deux royaumes dans l'Indo-Chine? — **15**. Parlez du commerce des Européens en Asie.

Devoir 128 [114]. — **1**. Que savez-vous sur l'*Océanie?* — **2**. sur l'*Australie* (possesseurs, villes importantes, mines, pâturages)? — **3**. Citez une autre possession anglaise en Océanie — **4**. Quelles sont en Océanie les possessions hollandaises? — **5**. espagnoles? — **6**. françaises? — **7**. allemandes?

AFRIQUE

Suivre sur la carte.

GÉOGRAPHIE PHYSIQUE

560. Étendue comparée. — L'Afrique, est située au sud de l'Europe. Elle est **3 fois** plus grande que l'Europe et **57 fois** plus grande que la France.

561. Détroits. — Les trois principaux détroits de l'Afrique sont : le détroit de **Gibraltar**[1], entre l'Espagne et l'Afrique ; — le détroit de **Bab-el-Mandeb**, entre l'Afrique et l'Arabie ; — le canal de *Mozambique*, entre l'Afrique et l'île de Madagascar.

562. Golfes. — Les principaux golfes de l'Afrique sont : le golfe de la *Sidre* et le golfe de *Gabès*, dans la mer Méditerranée ; — le golfe de *Guinée*, dans l'océan Atlantique ; — le golfe d'*Aden*, à l'entrée de la mer Rouge.

563. Caps. — Les principaux caps de l'Afrique sont : le cap *Vert*, à l'ouest, en face des îles de ce nom ; — le cap de **Bonne-Espérance**, au sud, — et le cap *Guardafui*, à l'est, à l'entrée du golfe d'Aden.

564. Montagnes. — Les principales chaînes de montagnes africaines sont : l'**Atlas**, au nord, — les monts de *Kong*, le long du golfe de Guinée, — les montagnes du *Cap*, au sud, — les montagnes des **lacs** et de l'**Abyssinie**, à l'est.

565. Plateaux. — L'Afrique tout entière forme deux immenses plateaux, celui du *Nord*, entre l'Atlantique, la mer Rouge ; la Méditerranée et le golfe de Guinée (**Sahara et Soudan**), — et celui du *sud*, qui forme toute la partie du continent comprise entre l'océan Indien et l'océan Atlantique.

566. Déserts. — Les parties de l'Afrique où il ne pleut pas sont désertes ; le plus grand désert de l'Afrique est le **Sahara** au nord ; — dans l'Afrique méridionale se trouve le désert de *Kalahari*.

567. Oasis. — On appelle *oasis* les territoires fertiles disséminés dans le Sahara ; ce sont les seules parties habitées de ce désert.

568. Lacs. — Dans l'Afrique du Nord, sur le plateau du Soudan, se trouve le lac *Tchad* ; — dans l'Afrique du Sud, vers la côte orientale, des montagnes élevées environnent un grand nombre de lacs importants (région des grands lacs) ; les principaux sont le *Louta N'zigé*, — l'**Oukéréoué**, — le *Tanganyika*, — le **Bangouéolo**, — le *Nyassa*.

569. Fleuves. — Dans l'Atlantique se jettent le *Sénégal*, fleuve français, — la *Gambie*, — le **Niger** qui prend ses sources près du Sénégal, — le **CONGO**, le fleuve le plus abondant de la terre après l'Amazone (Amérique du Sud), sorti de la région des grands lacs (Tanganyika) ; — l'*Orange*, souvent à sec. — Dans l'océan Indien se jette le **Zambèze**, qui reçoit les eaux du lac Nyassa. — Dans la Méditerranée se jette le **NIL**, l'un des plus grands fleuves de la terre, qui sort, comme le Congo, de la région des lacs (Oukéréoué), **fertilise l'Égypte**, et forme un vaste *delta* * près d'**Alexandrie**.

(1) Le détroit de Gibraltar a 4 lieues de largeur dans sa partie la plus étroite, et 15 lieues de longueur.

GÉOGRAPHIE POLITIQUE

PEUPLES ET ÉTATS AFRICAINS

570. Peuplades. — Les peuples de l'Afrique appartenant en majeure partie à la race nègre, et idolâtres ou mahométans, forment un grand nombre de petits royaumes dont il serait difficile de tracer les limites exactes. Ce sont des peuplades groupées autour d'un chef ; quelques-unes sont *nomades* *, dans le Sahara par exemple.

571. États. — Il y a pourtant en Afrique de véritables *États*. Les principaux sont :

1° La partie africaine de l'empire ottoman, qui comprend le vilayet de **Tripoli** (1 million d'hab.), cap. *Tripoli*, port sur la Méditerranée, — et la vice-royauté d'**Égypte** (5 millions 1/2 d'hab.), cap. le **Caire** (370 000 hab.). — Villes principales : **Alexandrie** (200 000 hab.), à l'ouest du delta du Nil, port très important, — *Damiette*, sur l'une des bouches du Nil, — Port-Saïd, à l'extrémité nord, — et Suez, à l'extrémité sud du **CANAL DE SUEZ**[1].

2° L'empire du **Maroc**, capitale *Fez* ; — villes principales : *Maroc*, dans l'intérieur ; — *Tanger*, port sur le détroit de Gibraltar ; — *Mogador*, port sur l'océan Atlantique. — Sur la côte du Maroc et en face de *Gibraltar* se trouve *Ceuta*, ville forte qui appartient à l'Espagne ;

3° La république nègre de *Libéria*, sur les côtes de Guinée, fondée par des nègres arrachés à l'esclavage qu'ils subissaient en Amérique ;

4° Les républiques du *fleuve Orange* et de l'**Afrique du Sud**, fondées, au nord du fleuve Orange, par les colons hollandais, autrefois possesseurs du Cap (*Boers*) ;

5° Le royaume chrétien d'**Abyssinie**, cap. *Gondar*.

COLONIES EUROPÉENNES

572. Les principaux peuples de l'Europe se sont établis sur les côtes d'Afrique pour en exploiter les richesses.

573. Possessions françaises. — La **France** y possède l'**ALGÉRIE** (voir p. 27) ; — la colonie du *Sénégal*, cap. *Saint-Louis*, qui s'étend jusqu'au *Niger* ; — celle du *Gabon*, qui s'étend jusqu'au *Congo* ; — l'île de la **Réunion**, chef-lieu *Saint-Denis*, où l'on récolte le café, et la canne * à sucre ; — les petites îles de *Sainte-Marie*, *Mayotte*, et *Nossi-Bé*, qui environnent Madagascar ; — les côtes de la partie septentrionale de **Madagascar** ; — *Obok* et *Tadjourah*, au fond du golfe d'Aden.

En outre, la France occupe militairement et administre la régence de **Tunis** (1 million et demi d'hab.), cap. *Tunis* (125 000 hab.), qui est placée sous son *protectorat*.

574. — Possessions anglaises. — Les **Anglais** possèdent principalement : l'île de l'*Ascension*, dans l'Atlantique ; — l'île **Sainte-Hélène**, dans l'Atlantique, où Napoléon Ier, mourut prisonnier en 1821 ; — la vaste **colonie du Cap de Bonne-Espérance** ou simplement **du CAP**, au sud de l'Afrique, chef-lieu **le Cap** ; villes principales : *Port-Élisabeth* et *Port-Natal* ; — l'île **Maurice**, à l'est de Madagascar. — L'île Maurice a appartenu longtemps à la France, sous le nom d'île de *France*.

(1) C'est à un Français, M. Ferdinand de Lesseps, qu'est dû le percement de l'isthme de Suez. Le canal a été ouvert en 1869. De Port-Saïd à Suez, il mesure 40 lieues de longueur, environ 80 mètres de largeur et 8 mètres de profondeur. — La distance entre Marseille et un port de l'Hindoustan était de 6000 lieues par le cap de Bonne-Espérance ; elle n'est plus que de 3000 lieues par le canal de Suez.

575. — Possessions espagnoles. — Les **Espagnols** occupent quelques ports du *Maroc* (*Ceuta*, en face de Gibraltar), — les îles *Canaries*, à l'ouest du Maroc.

576. Possessions portugaises. — Les **Portugais** ont plusieurs établissements en Afrique. Les plus importants sont les îles du *Cap-Vert* ; — les établissements du *Congo*, avec *Saint-Paul-de-Loanda* et *Saint-Philippe-de-Benguela*, pour villes principales ; — enfin la côte de *Mozambique*.

577. Possessions allemandes. — Les **Allemands** se sont établis au fond du golfe de Guinée (*Kameroun*), et sur plusieurs points des côtes de l'Afrique du Sud, sur l'Atlantique et l'océan Indien.

578. Possessions italiennes. — L'Italie a pris possession d'*Assab* et de **Massoua**, ports de la mer Rouge, voisins de l'Abyssinie.

579. État du Congo. — Une **Association internationale**, dirigée par *le roi des Belges*, a fondé l'**État du Congo**, dont les postes sont très nombreux sur ce fleuve et dans la région des grands lacs.

Pour une étude plus complète des cinq parties du monde, voir la *Deuxième année de Géographie*.

Questions de Certificat d'études.

(Voir la carte.)

Devoir 129 [116]. — **1**. Quelle est l'*étendue* de l'Afrique par rapport à l'Europe et à la France ? — **2**. Citez un *détroit* qui sépare l'Afrique de l'Espagne. — **3**. Citez une *mer* qui sépare l'Afrique de l'Europe. — **4**. Citez l'*isthme* qui relie l'Afrique à l'Asie. — **5**. Citez une *mer* qui sépare l'Afrique de l'Arabie. — **6**. Quel est l'*océan* qui borne l'Afrique à l'est ? — **7**. Citez un *cap* qui termine l'Afrique au sud. — **8**. Citez une grande *île* africaine sur la côte orientale de l'Afrique. — **9**. Quel est le *canal* qui sépare l'Afrique de l'île de Madagascar ? — **10**. Citez un *golfe* à l'entrée de la mer Rouge. — **11**. Citez un *détroit* qui relie la mer Rouge au golfe d'Aden. — **12**. Citez un grand *golfe* sur la côte occidentale d'Afrique. — **13**. Quel est l'*océan* qui borne l'Afrique à l'ouest ? — **14**. Citez deux *golfes* dans la Méditerranée, sur la côte septentrionale d'Afrique.

Devoir 130 [117]. — **1**. Quelles sont les bornes de l'Afrique au nord ? — **2**. à l'est ? — **3**. au sud ? — **4**. à l'ouest ? — **5** Citez un grand *plateau* qui occupe la partie septentrionale de l'Afrique. — **6**. toute la moitié méridionale de l'Afrique. — **7**. Citez un *massif* au nord. — **8**. à l'ouest. — **9**. au sud. — **10**. à l'est. — **11**. Citez un *désert* au nord. — **12**. au sud. — **13**. Citez un grand *lac* dans le Soudan. — **14**. plusieurs grands *lacs* dans la région orientale de l'Afrique du Sud. — **15**. Qu'appelle-t-on *oasis* ? — **16**. Citez deux *fleuves* qui ont donné leur nom à la Sénégambie. — **17**. un autre grand *fleuve* qui se jette dans le golfe de Guinée. — **18**. Citez deux grands fleuves qui sortent de la région des grands lacs. — **19**. Citez un fleuve qui se jette dans l'océan Indien.

Devoir 131 [118]. — **1**. Quelle est la *capitale* de l'Égypte ? — **2**. Citez les *villes principales* de l'Égypte. — **3**. A qui est dû le percement de l'isthme de Suez ? — **4**. En quelle *année* le canal de Suez a-t-il été ouvert ? — **5**. Citez deux *villes* placées aux deux extrémités du canal. — **6**. Quelle *longueur* a le

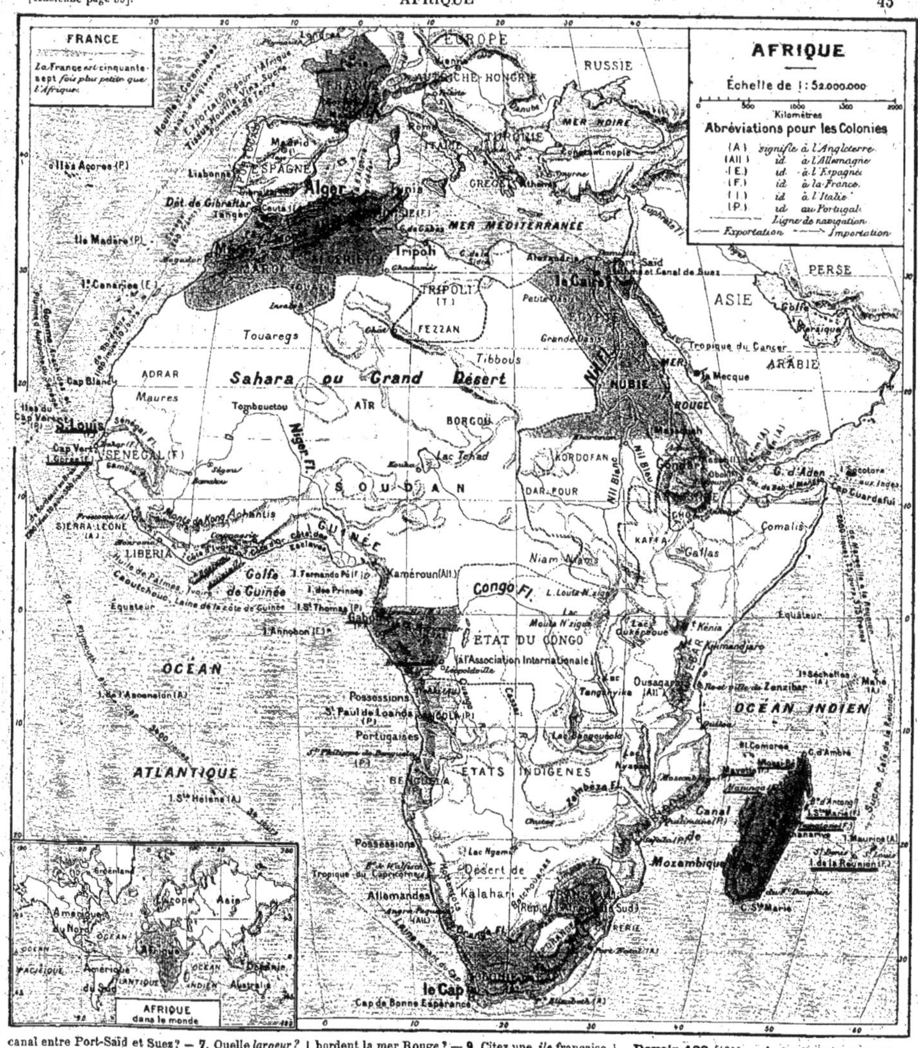

canal entre Port-Saïd et Suez? — **7.** Quelle *largeur?* — **8.** Quelle *profondeur?* — **9.** De quel État européen dépend la vice-royauté d'*Égypte?* — **10.** Citez, à l'*ouest* de l'Égypte, un État qui dépend également de la Turquie. — **11.** Quelle est la capitale de cet État?

Devoir 132 [119]. — **1.** Citez un *État* entre Tripoli et l'Algérie et qui est sous le protectorat français. — **2.** Quelle est la capitale de cet État? — **3.** Citez un empire à l'ouest de l'Algérie. — **4.** Quelle est la capitale et quelles sont les villes principales de cet empire? — **5.** Citez dans cet empire une ville forte qui appartient à l'Espagne. — **6.** Quels sont les *pays* situés sur les côtes de l'Atlantique? — **7.** les *pays* baignés par l'océan Indien? — **8.** les *pays* qui bordent la mer Rouge? — **9.** Citez une *île* française à l'est de Madagascar, où l'on récolte en grand le café et la canne * à sucre. — **10.** Quel est le chef-lieu de notre possession du Sénégal? — **11.** Citez dans l'océan Atlantique deux *îles* africaines qui appartiennent aux Anglais. — **12.** Quel souvenir historique se rattache à l'une d'elles? — **13.** Quelles sont les autres colonies *anglaises* en Afrique? — **14.** Quelles sont les établissements *espagnols?* — **15.** *portugais?* — **16.** *allemands?* — **17.** *italiens?* — **18.** Citez un État récent sur le Congo. — **19.** Citez deux petites républiques fondées par des colons hollandais. — **20.** Citez une autre république établie par des nègres arrachés à l'esclavage qu'ils subissaient en Amérique.

Devoir 133 [120]. — **1.** Quelle route suivrait un navire qui irait de Plymouth au *Cap?* — **2.** qui irait de Marseille à *Alger?* — **3.** à l'île de la *Réunion?* — **4.** à *Alexandrie?* — **5.** au *Gabon?* — **6.** de Bordeaux au *Sénégal?* — **7.** de Marseille à *Madagascar?* — **8.** à *Obok?*

***134. Exercice cartographique** (programme de 1882). — « Écrivez » la carte muette de l'Afrique nº 14 jusqu'à ce que vous puissiez l'écrire de mémoire [1]. — Tracez-là à main levée.

1. La liste des cartes muettes se trouve en regard de la p. 1. — Pour l'enseignement collectif, voir les Cartes murales nos 16 et 17, **parlantes** au recto, **muettes** au verso, par M. Vidal-Lablache; 6 fr. 50 chacune.

AMÉRIQUE

Suivre sur la carte.

GÉOGRAPHIE PHYSIQUE

580. On donne souvent à l'**Amérique** le nom de *Nouveau-Continent*, parce qu'elle n'a été découverte qu'en 1492, par **Christophe Colomb** *.

581. Étendue. – L'Amérique est naturellement partagée en deux parties par **l'isthme de Panama** : **l'Amérique du Nord** et **l'Amérique du Sud**. L'étendue des deux Amériques présente une surface environ **4** fois plus grande que l'Europe et **73** fois plus grande que la France.

582. Mers et golfes. — L'océan Glacial Arctique forme la mer de *Baffin* et la mer d'*Hudson*; — l'océan Atlantique forme le golfe du *Saint-Laurent*, le golfe du *Mexique*, et la mer des **Antilles**; — l'océan Pacifique forme le golfe de *Californie*.

583. Iles et groupes d'îles.— Les îles les plus remarquables de l'*Amérique* sont :

1° Dans l'océan Atlantique septentrional : l'*Islande* (aux Danois), — le *Groenland* (aux Danois); — l'île de **Terre-Neuve** (aux Anglais); — les îles *Saint-Pierre* et *Miquelon* (aux Français); — les îles *Bermudes* (aux Anglais).

2° Entre l'océan Atlantique et la mer des Antilles : les **grandes Antilles**, qui sont **CUBA** (aux Espagnols), cap. *la Havane*; — **Haïti** ou *Saint-Domingue* (partagé en deux républiques indépendantes); — **la Jamaïque** (aux Anglais); — **Porto-Rico** (aux Espagnols); — les **petites Antilles**, parmi lesquelles il faut citer : l'île *Saint-Thomas* (aux Danois); — **la Guadeloupe** (aux Français), chef-lieu *Basse-Terre*; — **la Martinique** (aux Français), chef-lieu *Fort-de-France*, qui sont parmi les plus belles.

3° La *Terre de Feu* au sud de l'Amérique méridionale.

584. Détroits. — Les principaux détroits de l'Amérique sont : le passage du **Nord-Ouest**; — le détroit de *Davis*; — le détroit d'*Hudson*; — le détroit de *Magellan*, au sud.

585. Presqu'îles. — Les principales presqu'îles sont : le *Labrador* (Canada); — la *Nouvelle-Écosse* (Canada); — la *Floride* (États-Unis); — le *Yucatan* (Mexique); — la *Vieille-Californie* (Mexique).

586. Caps. — Les principaux caps sont : le cap *Saint-Roch*, à l'est de l'Amérique du Sud, et le cap **Horn**, au sud de la Terre de Feu.

587. Isthmes.— L'Amérique du Nord est reliée à l'Amérique du Sud par l'isthme de **Panama** (19 lieues de largeur). — M. F. de Lesseps construit un canal maritime à travers cet isthme.

588. Montagnes et plateaux. — L'Amérique du Nord est bordée à l'ouest par les grands massifs des **Montagnes Rocheuses**, qui contiennent les plateaux de l'*Utah* et du *Mexique*; — à l'est par les monts **Alléghanys**.

589. L'Amérique du Sud est limitée le long du Pacifique par la grande chaîne des **Cordillères des Andes**, une des plus élevées du globe, pleine de volcans en activité. — Sur les côtes de l'Atlantique se trouvent les plateaux de la *Guyane* et de *Mato Grosso* (Brésil).

590. Lacs.— Le principal groupe de lacs de l'Amérique du Nord est le groupe des **lacs canadiens**, qui comprend le lac *Supérieur*, — le lac *Michigan*, — le lac *Huron*, — le lac *Érié* — et le lac *Ontario*. — Ces lacs communiquent entre eux, et avec le fleuve Saint-Laurent.

591 Entre le lac Érié et le lac Ontario se trouve la célèbre cataracte* du **Niagara**.

592. Fleuves. — Les grands fleuves de l'Amérique du Nord sont : le **Saint-Laurent**, qui sert de déversoir aux lacs canadiens, — et le **MISSISSIPI**, l'un des plus grands fleuves du monde. — Le Mississipi reçoit le **Missouri** sur sa rive droite, et l'*Ohio* sur sa rive gauche.

593. Les grands fleuves de l'Amérique du Sud sont : l'*Orénoque*, — l'**AMAZONE** (1600 lieues), — le *San-Francisco* et le *Rio-de-la-Plata*, formé par la réunion de l'*Uruguay*, du *Parana* et du *Paraguay*.

GÉOGRAPHIE POLITIQUE

AMÉRIQUE DU NORD.

594. Canada. — La *puissance du Canada* (aux Anglais) (4 millions 1/2 d'hab.), a pour cap. *Ottawa*, et pour villes principales **Québec** (60 000 hab.), — **Toronto** (90 000 hab.), — **Montréal** (140 000 hab.).

Le Canada fut longtemps une colonie française (de 1523 à 1763), et l'on parle encore français dans tout le Bas-Canada.

595. États-Unis. — Les **États-Unis de l'Amérique du Nord** (50 millions d'hab.), ont pour capitale **Washington**, près de l'Atlantique (150 000 hab.).

Villes principales : **NEW-YORK** (2 millions d'hab.), grand port sur l'Atlantique, la troisième place de commerce de l'univers (après Londres et Liverpool), et la ville la plus peuplée de l'Amérique; — **Philadelphie** (900 000 hab.); — **Saint-Louis** (350 000 hab.), sur le Mississipi; — **Chicago** (500 000 hab.), sur le lac Michigan; — **Boston** (410 000 hab.), port sur l'Atlantique; — **Baltimore** (330 000 hab.), port sur l'Atlantique; — **Cincinnati** (285 000 hab.), sur l'Ohio; — **la Nouvelle-Orléans** (215 000 hab.), port sur le Mississipi, près du golfe du Mexique; — **San-Francisco** (235 000 hab.) port sur le Pacifique; — **Charleston**, port sur l'Atlantique.

596. Les **États-Unis** sont d'anciennes colonies * **anglaises** qui, en 1776, avec l'appui et le concours de la France, ont proclamé leur indépendance et se sont constituées en une République fédérative *, aujourd'hui composée de 39 États, 10 territoires et 1 district.

597. Pour la **NAVIGATION** et le **COMMERCE**, les **États-Unis** rivalisent avec les grands États de l'Europe.

598. Mexique. — La République du **Mexique** (9 millions 1/2 d'hab.), ancienne colonie espagnole, a pour capitale **Mexico** (250 000 hab.), villes principales *Vera-Cruz*, port sur le golfe du Mexique, et *Puébla*.

599. Amérique centrale. — L'*Amérique centrale*, comprend les cinq petites républiques de *Guatémala*, — *Honduras*, — *Salvador*, — *Nicaragua*, — et *Costa-Rica*.

AMÉRIQUE DU SUD.

600. Républiques espagnoles. — Les anciennes **colonies espagnoles** de l'Amérique du Sud se sont affranchies au commencement du dix-neuvième siècle, et ont formé des **républiques**. Ce sont :

601. La République de *Vénézuéla* (2 millions d'hab.), cap. *Caracas*, près de la mer des Antilles.

602. Les *États-Unis de Colombie* (environ 3 millions d'hab.), cap. *Bogota*; villes principales : **Colon** ou **Aspinwall** et **Panama**.

603. La République de l'*Équateur* (1 million d'hab.), cap. *Quito*.

604. La République du **Pérou** (3 millions d'hab.), cap. *Lima* (100 000 hab.); ville principale : *Callao*, sur le Pacifique, port de Lima.

605. La République de *Bolivie* (2 millions 1/2 d'hab.), ville principale *la Paz*.

606. La République du *Paraguay* (500 000 hab.), cap. *Assomption*, sur le Paraguay.

607. La République de l'*Uruguay* (450 000 hab.), cap. **Montevideo** (75 000 hab.), port sur la rive gauche de l'estuaire * du Rio-de-la-Plata.

608. La République **Argentine** ou confédération de **la Plata**, (3 millions d'hab.), cap. **Buenos-Ayres** (285 000 hab.), port sur la rive droite de l'estuaire * du Rio de la Plata.

609. La vaillante et laborieuse république du **Chili** (2 millions 1/2 d'hab.), cap. **Santiago** (200 000 hab.); ville principale **Valparaiso** (95 000 hab.), sur le Pacifique, port de Santiago.

610. Empire du Brésil. — L'ancienne colonie portugaise du **Brésil** (12 millions d'hab.) a formé un vaste empire; cap. **Rio-de-Janeiro** (350 000 hab.), beau port sur l'Atlantique, la ville la plus peuplée de l'Amérique du Sud; villes principales, *Bahia* et *Pernambouc*, ports sur l'Atlantique.

611. Guyanes européennes. — L'Angleterre, la Hollande et la France, possèdent les **Guyanes**, entre le Brésil et le Vénézuéla. **La Guyane française** (30 000 hab.), a pour capitale **Cayenne**, sur l'Atlantique.

Questions de Certificat d'études.

(Voir la carte.)

Devoir 135 [121]. — **1.** Quels sont les mers et les golfes qui bornent l'Amérique? — **2.** Par qui et en quelle année fut découverte l'Amérique? — **3.** En combien de *parties* l'Amérique est-elle divisée? — **4.** Quelle est l'*étendue* de l'Amérique par rapport à l'Europe et à la France? — **5.** Quel nom donne-t-on au groupe de *grandes îles* qui se trouve entre les deux Amériques? — **6.** au groupe de *petites îles*? — **7.** Quelles sont les *grandes Antilles* et à qui appartiennent-elles? — **8.** Citez des *petites Antilles* qui appartiennent à la France. — **9.** Quelles sont les mers mises en communication par le passage du *nord-ouest*? — **10.** par le détroit de *Davis*? — **11.** par le détroit d'*Hudson*? — **12.** par le détroit de *Magellan*? — **13.** Citez une *presqu'île* sur la côte ouest de l'Amérique du Nord et dites de quel État cette presqu'île fait partie. — **14.** Citez un *cap* à l'extrémité méridionale de l'Amérique du Sud. — **15.** Citez un *isthme* qui relie les deux Amériques. — **16.** Citez une ville qui lui a donné son nom. — **17.** Quelle est la *largeur* de cet isthme? — **18.** Quand on aura percé cet isthme quel avantage en retirera-t-on pour la navigation?

Devoir 136 [122]. — **1.** Citez une grande chaîne de *montagnes* dans l'Amérique du Nord. — **2.** dans l'Amérique du Sud. — **3.** Citez un groupe de *lacs* dans l'Amérique du Nord. — **4.** Citez deux grands *fleuves* de l'Amérique du Nord. — **5.** Citez un grand *fleuve* de l'Amérique du Sud. — **6.** Que savez-vous sur le *Canada* (possesseurs, villes, etc.)? — **7.** Que savez-vous sur les *États-Unis d'Amérique*. — **8.** Citez d'autres *États* de l'Amérique du Nord.

Devoir 137 [123]. — Quels sont du sud au nord, avec leurs capitales et leurs principales villes, les *États* de l'Amérique du Sud?

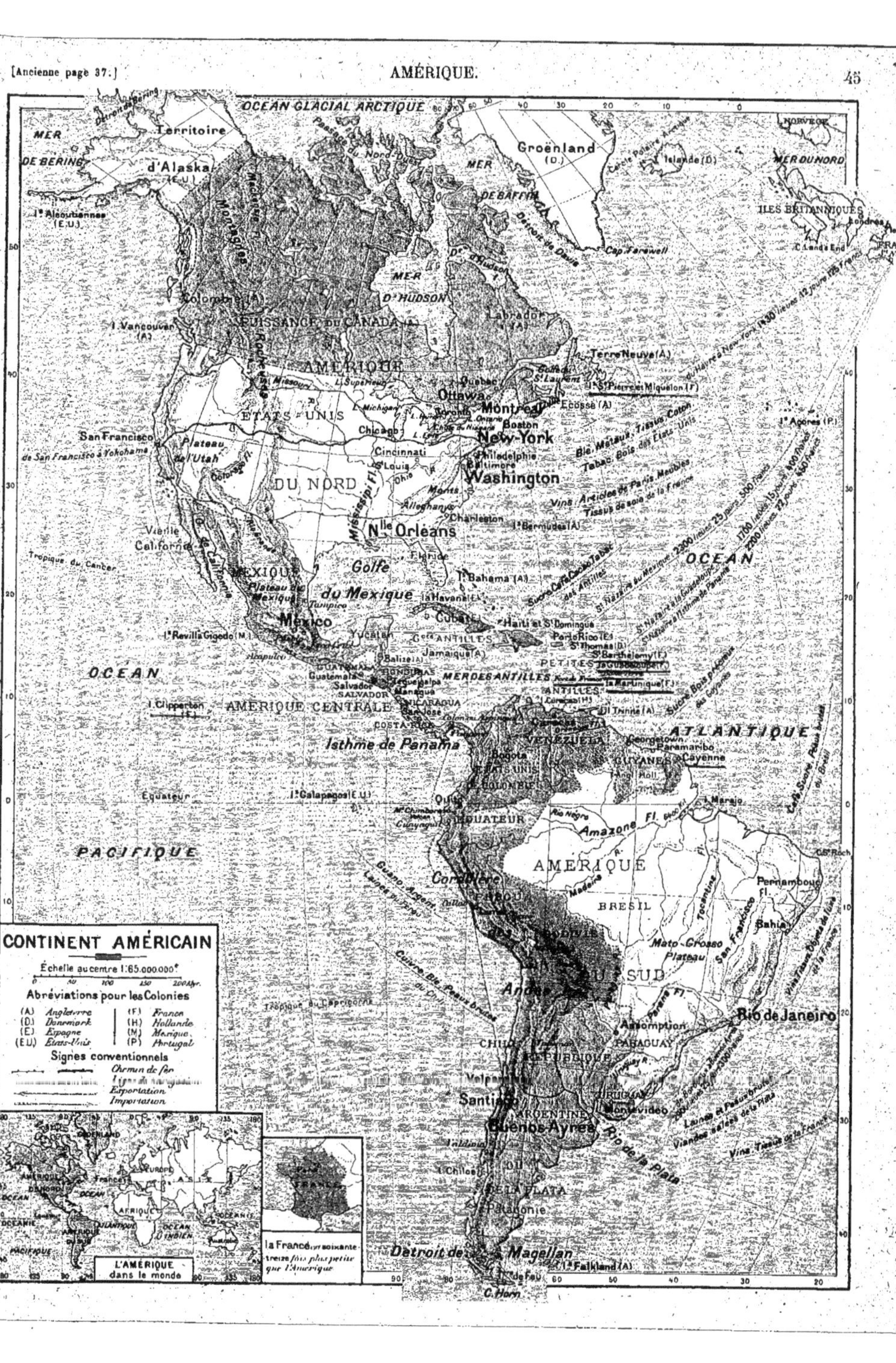
CONTINENT AMÉRICAIN
Échelle au centre 1:65.000.000e
Abréviations pour les Colonies
(A) Angleterre
(D.) Danemark
(E.) Espagne
(E.U.) États-Unis
(F.) France
(H.) Hollande
(M.) Mexique
(P.) Portugal
Signes conventionnels
Chemin de fer
Exportation
Importation
OCEAN GLACIAL ARCTIQUE
MER DE BERING
Territoire d'Alaska (E.U.)
Groënland (D.)
MER DE BAFFIN
MER D'HUDSON
Labrador (A)
PUISSANCE DU CANADA (A)
AMÉRIQUE
ÉTATS-UNIS
DU NORD
Terre Neuve (A)
Québec
Ottawa
Montréal
Boston
New-York
Philadelphie
Baltimore
Washington
Chicago
Cincinnati
St Louis
Charleston
Nlle Orléans
San Francisco
Golfe du Mexique
MEXIQUE
Mexico
Cuba
Haïti et St Domingue
MER DES ANTILLES
AMÉRIQUE CENTRALE
Isthme de Panama
OCEAN
PACIFIQUE
OCEAN
ATLANTIQUE
Bogota
VENEZUELA
GUYANES
Amazone Fl.
AMÉRIQUE
BRÉSIL
Cordillère
Andes
Mato Grosso Plateau
Rio de Janeiro
Assomption
PARAGUAY
CHILI
Valparaiso
Santiago
Montevideo
Buenos Ayres
ARGENTINE
Rio de la Plata
Patagonie
Détroit de Magellan
I. Falkland (A)
C. Horn
ILES BRITANNIQUES
FRANCE
L'AMÉRIQUE dans le monde
la France est soixante treize fois plus petite que l'Amérique

GÉOGR. GÉNÉRALE

NOTIONS DE COSMOGRAPHIE

612. Rotation de la terre. — La *terre* tourne sur elle-même en un *jour*.

613. Axe. — On appelle *axe* (fig. 21) la droite idéale AB autour de laquelle s'accomplit cette rotation. — Cette droite passe par le centre O de la sphère terrestre, et les points A, B, où elle traverse la surface de la sphère, s'appellent *pôles*, — pôle *nord*, pôle *sud*.

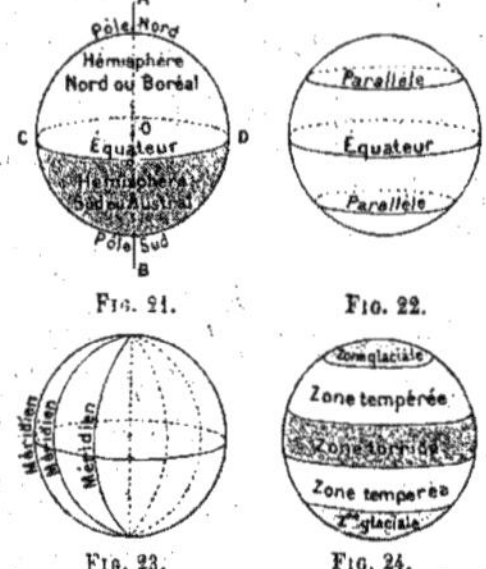

FIG. 21. FIG. 22.
FIG. 23. FIG. 24.

614. Équateur. — On appelle *équateur* le grand cercle CD tracé à égale distance des deux pôles; il partage la terre en deux hémisphères; l'hémisphère *nord* ou *boréal* CAD, que nous habitons, et l'hémisphère *sud* ou *austral* CBD.

615. Parallèles. — On appelle *parallèles terrestres* (fig. 22) les cercles tracés parallèlement à l'équateur.

616. Méridiens. — On appelle *méridien* (fig. 23) tout grand cercle qui passe par les deux pôles et par conséquent par l'axe de la terre.

617. Zones. — On partage la terre, dans le sens de l'équateur, en cinq bandes, appelées *zones* (fig. 24).

Ce sont : la zone *torride*, c'est-à-dire *brûlante*; les deux zones *tempérées*, l'une au nord, l'autre au sud de la zone torride; les deux zones *glaciales*, l'une autour du pôle nord, l'autre autour du pôle sud.

618. Neiges perpétuelles. — Sur les très hautes montagnes il fait très froid. Dans nos régions, au-dessus de 2500 mètres, la cime des montagnes est couverte de neiges d'un bout de l'année à l'autre : ce sont les *neiges perpétuelles*.

LES RACES HUMAINES

619. On peut partager les hommes en six races :

1° La race *blanche*, à laquelle nous appartenons, habite toute l'**Europe**, l'Asie occidentale et méridionale, et a ouvert des colonies dans le monde entier;

2° La race *jaune* ou *mongolique* habite principalement le centre et l'est de l'Asie (Mongolie, Chine, Japon, etc.);

3° La race *noire* habite principalement l'Afrique et l'ouest de l'Océanie; elle a été transportée par l'esclavage en Amérique;

4° La race *rouge* est celle des indigènes* d'Amérique;

5° La race *malaise* ou *brune* habite la Malaisie, partie de l'Océanie;

6° La race *polynésienne* peuple les innombrables petites îles de l'océan Pacifique.

LES GRANDS VOYAGEURS

620. Ce n'est que peu à peu que les Européens ont connu la surface entière de la terre, et ont étendu à toutes ses parties leur puissance *politique* (**colonies, protectorats**), et leur activité *commerciale* (**lignes de navigation, câbles sous-marins**).

621. Ils en sont redevables aux hardis voyageurs qui leur ont appris le chemin des pays éloignés et qui en ont dessiné les cartes.

622. Les plus illustres sont : **Marco Polo**, né à Venise (Italie), vers 1256, qui alla en Chine à travers tout l'ancien Continent (1271-1295).

623. Christophe Colomb, né à Gênes (1451), qui le premier osa naviguer vers l'Ouest, dans l'océan Atlantique, et, croyant arriver en Chine, découvrit l'Amérique (1492).

624. Vasco de Gama, né en Portugal, vers 1470, qui fit le *tour de l'Afrique*, et arriva dans l'*Inde* par la route du **Cap de Bonne-Espérance** (1497).

625. Magellan, né en Portugal, en 1470, qui commença le premier le tour du monde, en passant par le **Sud de l'Amérique** et les *îles Philippines*, où il mourut (1521). Ses compagnons achevèrent ce voyage par le *Cap de Bonne-Espérance*.

626. Cook, né en Angleterre (1728), qui navigua longtemps dans l'océan Pacifique et découvrit les principales îles.

627. Barth, né à Hambourg (1821), **Livingstone**, né près de Glasgow (1813), **Stanley** né en Angleterre (1840), qui nous ont fait connaître la géographie intérieure de l'Afrique.

GRANDES LIGNES DE NAVIGATION

628. Aujourd'hui, c'est surtout par leurs **grandes lignes de navigation** que les peuples de l'Europe exercent dans le monde leur puissance politique et commerciale.

Voici les principales :

629. Lignes de l'Amérique. — De *Liverpool* et du *Havre* à *New-York* (12 jours, 1430 lieues).

De *Saint-Nazaire* aux *Antilles* et à *Colon* (isthme de Panama) (22 jours).

De *Bordeaux* à *Dakar* (Sénégal) en passant par *Lisbonne*, et de Dakar à *Rio-de-Janeiro* (Brésil) et à *Buenos-Ayres* (la Plata) (25 jours, 2900 lieues).

630. Lignes de l'Afrique. — De *Plymouth* (Angleterre) au *Cap*, à *Port-Natal* et à l'île *Maurice* (aux Anglais).

631. Lignes de l'Extrême-Orient. — De *Marseille* à *Bombay* (grande ville de l'Inde anglaise), par le canal de Suez (20 jours, 2200 lieues).

D'autres paquebots partent de *Marseille*, passent par le canal de Suez, Aden (A.), Pointe-de-Galles (A.), Singapour (A.), arrivent à *Saïgon* (Cochinchine française), à *Hanoï* (Tonkin), à *Hong-Kong* (île anglaise sur la côte de Chine) et à *Chang-Haï* (port chinois).

632. Cinq lignes secondaires se dirigent :

D'*Aden* sur la *Réunion* (aux Français) et sur l'île *Maurice* (aux Anglais);

De *Pointe-de-Galles* (A.) sur *Pondichéry*, chef-lieu de nos possessions dans l'Inde, sur *Madras* (A.), et sur *Calcutta*, chef-lieu des possessions anglaises dans l'Inde;

De *Pointe-de-Galles* (A.) à *Melbourne* et *Sydney* (Australie, A.), et de là à *Auckland* (Nouvelle-Zélande, A.) et à *Nouméa* (Nouvelle-Calédonie, F.);

De *Singapour* (A.) sur *Batavia* (chef-lieu des possessions hollandaises en Océanie);

De *Chang-Haï* (Ch.) sur *Yokohama* (Japon);

633. De Marseille à Saïgon (F.), la durée du voyage est de 31 jours pour une traversée de 3300 lieues.

634. Lignes partant de Panama. — Les lignes qui partent de Panama sont les suivantes :

De *Panama* à *San-Francisco* (États-Unis).

De *Panama* à *Valparaiso* (Chili).

De *Panama* à *Sydney* et à *Melbourne* (Australie) (A.), en passant par la Nouvelle-Zélande (A.).

De *Panama* au *Japon* et en *Chine*.

635. Canal de Panama. — Supposons qu'on ait à transporter des marchandises du *Havre* à *San-Francisco*. On peut choisir deux routes : 1° Expédier ces marchandises par navire jusqu'à **Colon** (isthme de Panama); les transborder par *chemin de fer* de l'autre côté de l'isthme, à **Panama** (opération fort coûteuse); leur faire reprendre la mer jusqu'à San-Francisco. — 2° Leur faire suivre exclusivement la voie de mer en contournant l'*Amérique du Sud*, c'est-à-dire leur faire parcourir une route longue de 6500 lieues. — Le **canal maritime** de M. *de Lesseps* à travers l'Isthme de Panama abrégera cette distance de 3300 lieues.

636. Lignes partant de San-Francisco. — Les voyageurs qui vont d'Europe au *Japon*, en *Chine* ou en *Australie*, peuvent suivre une troisième route. Ils arrivent d'abord à *New-York*, traversent l'*Amérique* par le chemin de fer transcontinental*, entre *New-York* et *San-Francisco* (ligne du **Grand Pacifique**, construite de 1866 à 1869, 1250 lieues, durée du trajet : 7 jours), et reprennent le paquebot pour se rendre soit au *Japon* ou en *Chine*, soit en *Australie*, à travers l'*océan Pacifique*.

LES GRANDS OBJETS DE COMMERCE DU MONDE

637. Les grandes lignes de navigation sont en même temps les grandes lignes du **commerce universel**.

638. Règne minéral. — Les principaux **produits naturels** qui font l'objet du commerce universel sont, dans le règne minéral :

L'**or**, qui vient de Sibérie, d'Australie, des États-Unis;

L'**argent**, qui vient des États-Unis, du Mexique, du Pérou;

La HOUILLE (Angleterre et **États-Unis)**;

L'étain (îles de la Sonde);

Le **cuivre** (Chili);

Les **diamants** (Afrique du Sud).

639. Règne végétal. — Dans le règne végétal, les principaux objets de commerce sont :

Le **blé** (États-Unis, Inde);

Le **riz** (Inde, Indo-Chine);

Le **café** (Brésil, Antilles, îles de la Sonde);

Le **thé** (Chine);

Le **sucre de canne** (Antilles et îles de la Sonde);

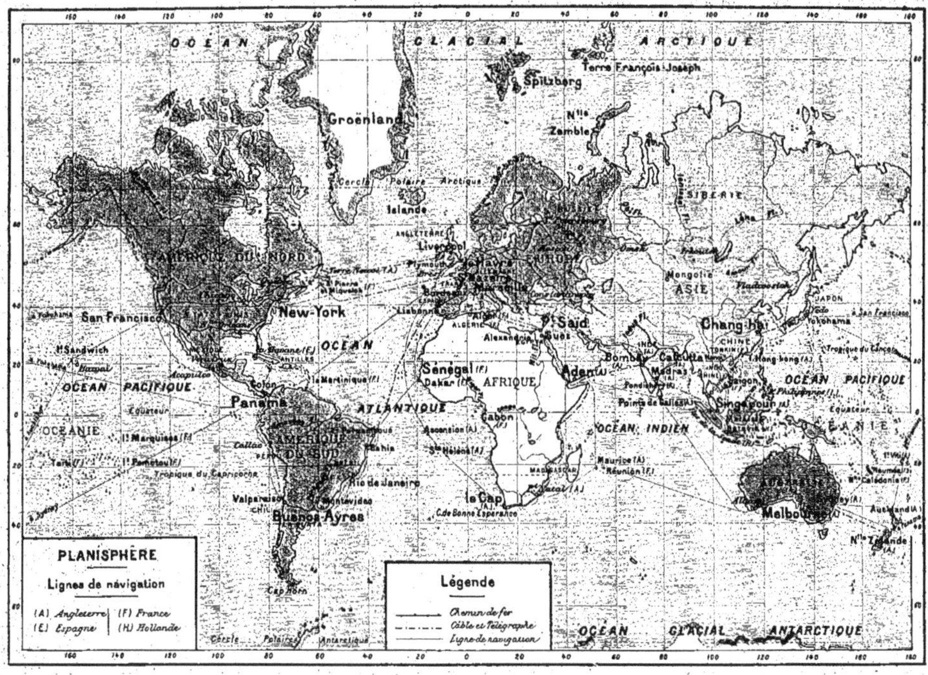

Le **tabac** (États-Unis, Antilles, Brésil, Philippines);

Le **coton** (États-Unis, Inde).

640. Règne animal. — Dans le règne animal, il faut signaler surtout :

La **laine** (Amérique du Sud, Australie);

Les **peaux** (Amérique du Sud, Australie);

La **soie** (Chine et Japon);

L'**ivoire** (Afrique).

641. Le principal **produit fabriqué** que les peuples de l'Europe et les États-Unis expédient dans le monde, ce sont les **tissus**. L'**ANGLETERRE** est le pays qui en fabrique le plus.

642. Les principaux pays où s'expédient les produits de l'industrie européenne et américaine sont ceux où se trouvent de grandes agglomérations d'hommes : la **Chine**, l'*Inde*, l'*Afrique équatoriale*.

GRANDES LIGNES TÉLÉGRAPHIQUES

643. Outre les innombrables lignes télégraphiques établies en Europe et dans l'Amérique du Nord les nations civilisées on ont établi quelques-unes très importantes dans les autres parties du monde, et immergé dans les océans un grand nombre de cables sous-marins.

644. Grandes lignes terrestres. — Les principales lignes terrestres sont :

1° Celle qui traverse la Sibérie jusqu'au Pacifique.

2° Celle qui traverse la Turquie d'Asie, de Constantinople au golfe Persique.

645. Principaux cables sous-marins. — Les principaux cables sous-marins sont :

1° Les lignes sous-marines qui vont de France en Angleterre ;

2° Les lignes sous-marines qui vont de France en Algérie et en Égypte ;

3° Les câbles sous-marins qui traversent l'Atlantique, de Liverpool et de Brest à New-York (câbles transatlantiques);

4° Le câble moitié sous-marin, moitié terrestre, qui va de Lisbonne à Valparaiso (Chili);

5° Les cables qui longent toutes les côtes méridionales et orientales de l'Asie.

646. Grâce à ces lignes télégraphiques, on sait en Europe, en très peu de temps, ce qui se passe dans les autres parties du monde.

Questions de Certificat d'études.

***Devoir 138.** — **1.** Qu'appelle-t-on *axe* de la terre ? — **2.** *pôles* ? — **3.** *équateur* ? — **4.** Qu'est-ce que l'hémisphère *boréal* ? — **5.** l'hémisphère *austral* ? — **6.** Qu'appelle-t-on *parallèles* ? — **7.** *méridiens* ? — **8.** *zones* ? — **9.** En combien de zones la terre est-elle partagée ? — **10.** Qu'est-ce qui caractérise la *zone torride* ? — **11.** les *zones tempérées* ? — **12.** les *zones glaciales* ? — **13.** Qu'appelle-t-on *neiges perpétuelles* ?

Devoir 139 [125]. — **1.** Combien compte-t-on de *races* d'hommes ? — **2.** Où habite la *race blanche* ? — **3.** la *race jaune* ? — **4.** la *race noire* ? — **5.** la *race rouge* ? — **6.** la *race malaise* ? — **7.** la race *polynésienne* ? — **8** Nommez les voyageurs les plus illustres et parlez de leurs voyages. — **9.** Dites, en nommant les mers que vous trouverez sur les cartes des cinq parties du monde, quelle route suivrait un voyageur qui irait de Marseille à Sydney (Australie). — **10.** d'Aden à l'île de la Réunion. — **11.** d'Aden à Bombay. — **12.** de Pointe-de-Galles à la Nouvelle-Calédonie. — **13.** de Singapour à Chang-Haï. — **14.** de Suez à Yokohama. — **15.** de Bordeaux à Suez. — **16.** de Marseille à Pondichéry. — **17.** de Londres à Calcutta. — **18.** de Hambourg à Hong-Kong. — **19.** de Trieste à Bombay. — **20.** d'Amsterdam à Batavia. — **21.** d'Odessa au Japon. — **22.** d'Anvers à Bombay. — **23.** de Gênes à Bombay. — **24.** Si l'isthme de Suez n'était pas percé, quel détour serait obligé de prendre un navire qui voudrait aller de Southampton à Calcutta.

Devoir 140 [126]. — **1.** Quelle route suit un navire qui va de Brest à New-York ? — **2.** de Saint-Pétersbourg à New-York ? — **3.** de Saint-Nazaire à Colon ? — **4.** de Bordeaux au Sénégal ? — **5.** du Sénégal à Rio-de-Janeiro ? — **6.** de Rio-de-Janeiro à Valparaiso ? — **7.** de Plymouth au Cap ? — **8.** de Plymouth à l'île Maurice ?

Devoir 141 [127]. — **1.** Quelle route suivrait un navire qui irait de San-Francisco à Yokohama ? — **2.** de San-Francisco à Melbourne ? — **3.** de Panama à San-Francisco ? — **4.** de Panama à Valparaiso ? — **5.** de Panama à la Nouvelle-Zélande ? — **6.** de Panama à Hong-Kong ?

Devoir 142 [128]. — **1.** Quelle route suivrait un voyageur qui voudrait aller de Liverpool au Japon par la ligne du *Grand Pacifique* ? — **2.** par la voie de Panama ? — **3.** par la voie de Suez ?

***Devoir 143.** — **1.** D'où tire-t-on la *houille* ? — **2.** le *coton* ? — **3.** le *thé* ? — **4.** l'*ivoire* ? — **5.** le *tabac* ? — **6.** le *sucre de canne* ? — **7.** le *café* ? — **8.** le *riz* ? — **9.** la *soie* ? — **10.** l'*étain* ? — **11.** le *diamant* ? — **12.** le *cuivre* ? — **13.** la *laine* ? — **14.** les *peaux* ? — **15.** Quel est le produit fabriqué qui s'exporte de l'Europe pour le monde entier ?

Devoir 144 [129]. — **1.** Qu'est-ce qu'un télégraphe* ? — **2.** Où place-t-on les lignes télégraphiques terrestres ? — **3.** Qu'est-ce qu'un câble* sous-marin ? — **4.** Qu'est-ce que le câble Transatlantique ? — **5.** Citez quelques grandes lignes télégraphiques. — **6.** Quel est le peuple qui fait le plus grand commerce ? — **7.** Quelle est la langue la plus

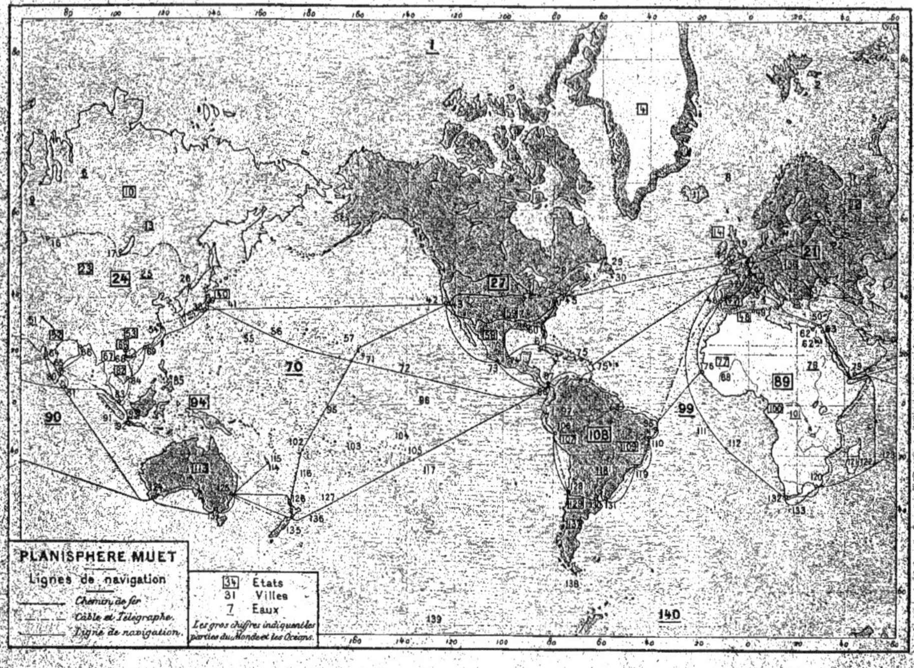

LES PEUPLES EUROPÉENS DANS LE MONDE

647. De tous les peuples de l'Europe, celui qui fait le commerce le plus important, celui qui achète le plus de matières premières dans tous les pays du monde, et qui envoie au loin le plus de produits manufacturés est l'**Angleterre**.

648. L'Angleterre est en même temps le pays dont la *domination* s'étend sur la plus grande superficie de territoires situés dans *toutes les parties de la terre*. Son empire a une étendue égale à près de 40 fois celle de la France, avec 250 millions d'habitants.

649. L'empire **Russe** *est aussi vaste*, mais il est tout d'une pièce et s'étend seulement sur les régions froides de l'Europe et de l'Asie.

650. L'Angleterre est aussi le pays européen dont la **langue** est *la plus répandue :* hors de l'Europe, 100 millions d'hommes la parlent, dont la moitié aux *États-Unis*.

651. Après l'anglais vient l'*espagnol*, qui est parlé par 30 millions d'hommes dans l'Amérique du Nord et dans l'Amérique du Sud.

652. Le *français* est parlé par moins d'hommes, mais dans des régions bien plus diverses que l'espagnol : il est, comme l'anglais, une langue commerciale.

653. Les **Allemands** aussi envoient tous les ans beaucoup des leurs dans les pays lointains, accroissent tous les jours leur commerce, et commencent à fonder de véritables colonies.

654. Si les Français veulent soutenir avec succès la lutte contre les autres grands peuples, pour conserver leur influence dans le monde, il faut qu'ils connaissent bien ces peuples, qu'ils soient au courant de leurs progrès et qu'ils *apprennent leurs langues* (principalement l'**anglais** et l'**allemand**).

655. Mais surtout la prépondérance dans le monde appartiendra aux peuples qui posséderont la **première des richesses :** une nombreuse population.

656. Malheureusement la population de la France n'augmente pas, et semble même près de diminuer : c'est que beaucoup *trop de paysans émigrent vers les villes* et surtout vers **Paris**, où l'existence est à la fois plus coûteuse et moins saine.

---

répandue dans le monde? — **8**. Quelle est, après l'anglais, la langue la plus répandue? — **9**. Que faudrait-il à la France pour rivaliser avantageusement avec les autres grands peuples? — **10**. Pourquoi la population française n'augmente-t-elle pas?

Spécimen de questions sur le Planisphère muet.

Devoir 145. — **1**. Comment se nomme la partie du monde 24? — **2**. la partie du monde 27? — **3**. la partie du monde 94? — **4**. la partie du monde 21? — **5**. la partie du monde 89? — **6**. Nommez l'océan 1. — **7**. l'océan 140. — **8**. l'océan 70. — **9**. l'océan 99. — **10**. Quel est, dans la partie du monde 27 l'État 58? — **11**. l'État 59? — **12**. Quel est, dans la partie du monde 24, l'État 53? — **13**. l'État 40? — **14**. Nommez, au sud de cette partie du monde la possession française 82. — **15**. la capitale 84 de cette possession. — **16**. la possession anglaise 52. — **17**. Quel est, dans la partie du monde 21, l'État 34? — **18**. l'État 47? — **19**. l'État 36? — **20**. Quelle est, au nord de la partie du monde 89, la grande possession française 48? — **21**. au sud, la possession anglaise 132? — **22**. Comment se nomment les îles 2? — **23**. la terre 4? — **24**. au sud de cette terre, l'île 11? — **25**. Nommez, dans la partie du monde 94, la grande île 113. — **26**. Nommez, dans la partie du monde 24, le fleuve 9. — **27**. le fleuve 5. — **28**. le fleuve 25. — **29**. Dans la partie du monde 108, le fleuve 97. — **30**. Dans la partie du monde 89, le fleuve 88. — **31**. le fleuve 78. — **32**. le fleuve 101.

146 [130]. — **Exercice cartographique** (programme de 1882). — « Écrivez la carte muette du planisphère jusqu'à ce que vous puissiez l'écrire de mémoire. — Tracez-la à main levée.

TABLE

Le commencement de ce Lexique est en regard de la page 1.

quel on peut *appeler* des jugements rendus par un tribunal inférieur.

Crayeuse (plaine), dont le sol est formé de craie (carbonate de chaux).

Cristallerie, lieu où l'on fabrique le *cristal*, verre blanc d'une grande transparence, plus pesant que le verre ordinaire.

Croiseur, bâtiment de guerre qui va et vient dans quelque parage, pour attendre des bâtiments ennemis ou pour bloquer un port et en éloigner les vaisseaux étrangers.

Crue *d'un fleuve*, élévation du niveau de l'eau causée par l'abondance des pluies ou par la fonte des neiges.

Cuirassé, grand vaisseau de guerre dont les flancs sont recouverts de plaques de métal (*cuirasse*) qui le protègent contre les boulets des ennemis.

Danton, membre de la Convention nationale. Il fut l'un des chefs de la Révolution et mourut sur l'échafaud le 5 avril 1794.

Dauphin, titre que portaient autrefois les comtes du Dauphiné, et que prit dans la suite le fils aîné des rois de France.

Delta, terrain de figure triangulaire qui se forme à l'embouchure de certains grands fleuves par l'accumulation des matières terreuses qu'ils charrient.

Départementales (routes), routes qui établissent des communications dans l'intérieur d'un département ou avec les départements voisins. Les *routes départementales* sont entretenues aux frais des départements.

Dépression *de terrain*, abaissement, enfoncement.

Diderot, philosophe français, né à Langres en 1713, mort en 1784.

Digue, levée en terre ou en maçonnerie pour contenir des eaux.

Douvres, ville d'Angleterre, sur le pas de Calais. La distance de Calais à Douvres n'est que de 8 lieues.

Du Guesclin, connétable de France qui chassa les Anglais de la Normandie, de la Guyenne et du Poitou, et mourut en 1380 au siège de Châteauneuf-Randon.

Échelles du Levant (*de l'est*), ports de la Méditerranée orientale (Smyrne, Beyrouth, Jaffa, etc.), où les navires font *escale*, c'est-à-dire abordent et communiquent avec la côte par une échelle ou une planche.

Élu (conseil), composé de membres désignés par le *vote* ou *suffrage* de leurs concitoyens.

Équipage, ensemble des marins attachés au service d'un navire.

Estuaire, sorte de golfe vaste et profond formé par l'embouchure d'un fleuve.

Exécutif (pouvoir), pouvoir de faire exécuter les lois, par opposition au pouvoir législatif.— En France, le pouvoir exécutif appartient au Président de la République et aux ministres.

Exploiter, faire valoir une chose, en tirer le produit. — Exploiter une mine de houille, de fer, de cuivre, etc., c'est en extraire la houille, le fer, le cuivre, etc.

Exporter, exportation, transporter ou action de transporter à l'étranger les produits du sol ou de l'industrie nationale. Les *vins* de France sont exportés dans tous les pays du monde.

Fédérative (république), confédération formée par l'union politique des différents pays d'un même État.

Floraux (jeux), assemblée qui se tient chaque année à Toulouse, pour la distribution de divers prix de poésie, d'éloquence. Les prix sont représentés par des fleurs d'or ou d'argent. L'*Académie des jeux floraux* est le corps littéraire qui tient cette assemblée et qui décerne les prix.

Forestière (école), école établie à Nancy pour former les jeunes gens qui se destinent au service de l'administration des forêts.

Fort, ouvrage de terre ou de maçonnerie, avec remparts et fossés, destiné à résister aux attaques de l'ennemi.

Fourneau (haut), bâtiment en briques, en forme de vaste cuve, dans lequel on fond le *minerai de fer* à la chaleur du charbon ou de la houille. On obtient ainsi de la *fonte* qui peut être transformée elle-même en *fer* ou en *acier*.

Frégate, navire de guerre qui n'a qu'une seule batterie couverte et qui porte moins de 60 canons.

Gambetta, homme politique français, né à Cahors en 1838, mort en 1882. Il fut membre du gouvernement de la Défense nationale en 1870.

Garde-côtes, navire de guerre armé pour défendre les côtes.

Geiser, source intermittente d'eau bouillante qui s'élance dans les airs.

Gemme (sel), sel cristallisé dont il existe des mines au sein de la terre.

Génie, corps de troupes qui exécute les travaux de fortification. En temps de guerre, le génie est chargé de l'attaque et de la défense des places fortes.

Gergovie, ville de la Gaule assiégée par César et défendue par Vercingétorix, qui força les Romains à lever le siège.

Glaces, plaques de verre ou de cristal dont on fait des miroirs en les étamant, c'est-à-dire en y faisant adhérer d'un côté une couche de *tain*, combinaison de mercure et d'étain.

Grades, degré d'avancement.

Dans l'armée de terre, après six mois de service, le *simple soldat* peut être promu au grade de *caporal* (*brigadier* dans la cavalerie); après six autres mois, il peut être nommé *sergent* (*maréchal des logis* dans la cavalerie); il est alors sous-officier. Le *sergent*, le *sergent-major* (*maréchal des logis chef* dans la cavalerie) et l'*adjudant* sont des **sous-officiers**. — Au-dessus des sous-officiers viennent les **officiers**, savoir : les *officiers proprement dits* : sous-lieutenants, lieutenants, capitaines; les *officiers supérieurs* : chefs de bataillon ou commandants (*chefs d'escadron* dans la cavalerie), lieutenants-colonels, colonels; les *officiers généraux* : généraux de brigade et généraux de division. — Les *maréchaux* sont les plus hauts dignitaires de l'armée.

Dans la marine militaire les officiers, à partir du grade le moins élevé, sont appelés : aspirant, enseigne de vaisseau, lieutenant de vaisseau, capitaine de frégate, capitaine de vaisseau, contre-amiral, vice-amiral, amiral. — Les hommes de l'équipage et les sous-officiers portent les noms de mousse ou apprenti marin; novice, matelot, quartier-maître, second-maître, maître, premier-maître.

Granitique (région), région dont le sol est constitué par du *granit*. Le granit est une roche d'origine ignée.

Guérande, chef-lieu de canton (Loire-Inférieure).—En 1365 y fut conclu un traité qui mit fin à la guerre de la succession de Bretagne.

Hoche, général français né à Versailles en 1768, mort en 1797. Il délivra l'Alsace envahie, pacifia la Vendée et remporta de nombreuses victoires. Versailles lui a élevé une statue sur laquelle on lit cette inscription : Hoche, soldat à 16 ans, général en chef à 24, mort à 29.

Houille ou *charbon de terre*, charbon formé dans le sol, à diverses profondeurs, et qui provient des débris de végétaux de grande taille, très anciennement enfouis.

Immigration, établissement d'étrangers dans un pays; le contraire d'*émigration*.

Importer, importation, introduire ou action d'introduire dans un pays des produits étrangers. — Le *coton*, la *canne à sucre* sont importés en France.

Indigènes, qui sont nés dans le pays où ils habitent.

Indigo, matière colorante qui sert à teindre en bleu, et que l'on retire des feuilles et des tiges de l'*indigotier*.

Industrie, travail accompli par l'homme pour approprier à son usage les matières premières que la nature lui offre et qui ne peuvent lui servir sous leur forme primitive.

Ingénieur, celui qui dirige des travaux mécaniques ou de construction.

Inondation, débordement des eaux.

Jean Bart, célèbre marin français né à Dunkerque en 1650, mort en 1702.

Jeanne d'Arc, héroïne française née à Domrémy en 1409. Elle délivra la France des Anglais et fut brûlée vive à Rouen en 1431.

Jérusalem, ville de la Palestine (Turquie d'Asie).

Kaolin, argile blanche, très pure, avec laquelle on fabrique la porcelaine.

La Fontaine, célèbre fabuliste français, né en 1621, mort en 1695.

Lagune, petit lac entouré de terres marécageuses.

Laine, poil doux et épais qui croît sur la peau des moutons, et qui, filé et tissé, se transforme en tissu de laine.

Lamartine, poète français, né en 1790, mort en 1869. Ses principales œuvres sont les *Méditations poétiques* et les *Harmonies poétiques et religieuses*.

La Pérouse, célèbre navigateur français, né en 1741, mort en 1788. Il fit plusieurs voyages de découvertes et fut massacré par les sauvages des îles Vanikoro (Océanie).

Législatif (pouvoir), pouvoir de faire les *lois*.— En France, le Sénat et la Chambre des députés ont seuls le pouvoir législatif.

Limite de culture, ligne au nord de laquelle certains arbres ou certaines plantes ne peuvent arriver à maturité faute de chaleur suffisante. Telles sont les limites de culture de la vigne, du maïs, de l'olivier, etc.

Mahométans ou *Musulmans*, ceux qui suivent la religion de Mahomet, le grand prophète des Arabes, né à la Mecque en 571, mort en 632.

Marceau, célèbre général français, né en 1769, mort en 1796.

Marée, mouvement périodique des eaux de la mer qui s'élèvent et s'abaissent deux fois par jour.

Métallurgique (centre), région où sont groupées un grand nombre d'usines pour l'extraction et le travail des métaux.

Métaux usuels. Les principaux sont : le fer, le plomb, l'étain, le zinc, le cuivre. On les nomme *usuels* par opposition aux métaux *précieux* qui sont : l'or, l'argent et le platine.

Métropole, nom donné à un État par rapport aux colonies qu'il possède.

Milliard, nombre égal à mille millions.

Minerai *de fer, de cuivre*, etc., sorte de terre contenant le fer, le cuivre, uni à des matières étrangères. — Pour extraire de la terre le minerai, on creuse des *mines* dans lesquelles les ouvriers *mineurs* arrachent le minerai à coups de pioche.

Minoterie, usine où se font en grand les travaux de la *meunerie*, c'est-à-dire de la réduction du blé en farine.

Moncontour, chef-lieu de canton (Vienne). En 1569, le duc d'Anjou, plus tard Henri III, y battit l'amiral Coligny, chef des protestants.

Musée, lieu destiné à rassembler des tableaux, des statues, des objets d'art et généralement toutes les productions relatives aux lettres, aux sciences et aux arts.

Napoléon Ier, empereur des Français, né à Ajaccio en 1769, mort à Sainte-Hélène en 1821.

Nationale (gouvernement de la défense), gouvernement provisoire établi en France après la défaite de Sedan en 1870.

Nationales (routes), grandes routes construites et entretenues aux frais de l'État.

Navale (école), à Brest, école où sont formés les officiers de marine. Le mot *naval* se dit de tout ce qui concerne les vaisseaux.

Nomade (peuple), qui n'a point d'habitation fixe.

Nommé (conseil), conseil composé de membres désignés par le *Préfet* ou par tout autre fonctionnaire, et non par le *suffrage* de leurs concitoyens.

Normale supérieure (école), école fondée à Paris en 1794, où sont formés les professeurs de l'enseignement secondaire et plus particulièrement ceux des lycées.

Oléagineux, dont on peut tirer de l'huile : le colza, l'œillette sont des graines oléagineuses.

Opium, suc épaissi que l'on retire par incision des capsules du pavot somnifère (qui porte au sommeil). Les Chinois et certains peuples orientaux fument l'opium.

Outils (machines-), machines qui servent d'outils et remplacent la main de l'ouvrier, principalement pour la préparation et la façon des métaux : machines à percer, à forger, à raboter, etc.

Pacage, synonyme de *pâturage*.

Pape (le), le chef de l'église catholique romaine.

Pascal, célèbre mathématicien, physicien et écrivain français, né en 1623, mort en 1662.

Patay, chef-lieu de canton (Loiret). Jeanne d'Arc y défit les Anglais en 1429.

Pénitentiaire (colonie), lieu où l'on transporte une catégorie spéciale de condamnés, qu'on emploie à la culture de la terre.

Phénicienne (colonie), habitants de la Phénicie qui s'étaient établis dans des pays étrangers. La Phénicie était située sur la côte de la Syrie jusqu'à la frontière d'Égypte.

Phocéenne (colonie), habitants de Phocée qui s'étaient établis loin de leur pays. —Phocée était une ville de l'Asie Mineure.

Phylloxera, insecte dont le nom signifie : qui brûle les feuilles. C'est un petit insecte ailé dont la larve, quand elle est en terre, s'attaque aux racines de la vigne et lui donne une maladie mortelle.

Pierre le Grand, czar de Russie (1682-1725). Il civilisa la Russie et fonda Saint-Pétersbourg.

Plessis-les-Tours, village du département d'Indre-et-Loire où mourut Louis XI.

Polytechnique (école), école créée à Paris en 1794, et destinée à former des ingénieurs des mines, des ingénieurs des ponts et chaussées, des officiers d'artillerie et du génie, etc.

Porcelaine, poterie délicate et transparente dans la fabrication de laquelle entre, pour la majeure partie, une sorte d'argile blanche nommée *kaolin*. — La faïence est une poterie d'argile opaque, c'est-à-dire non transparente.

Premières (matières), productions naturelles non encore travaillées : le minerai de fer est une matière première.

Protectorat, appui prêté par un État à un autre État moins puissant. — On donne quelquefois le nom de Protectorat à l'État protégé.

Protestants, se dit de ceux qui appartiennent à la religion réformée par Luther et Calvin.

Prytanée militaire, école militaire établie à la Flèche (Sarthe) et où sont admis les fils des officiers de l'armée.

Puy, volcan éteint. Ce terme est particulier aux monts d'Auvergne; tel est le *Puy-de-Dôme*.

Quiberon, chef-lieu de canton (Morbihan). En 1795 des émigrés français, amenés par une flotte anglaise, y furent battus par Hoche.

Rabelais, écrivain français, né en 1483, mort en 1553. Ses principaux ouvrages sont *Gargantua, Pantagruel*.

Radoub (cale de), sorte de berceau dans lequel on fait entrer un navire dont la coque doit être réparée.

Raffinerie de sucre, usine où l'on purifie le sucre brut avant de le livrer à la consommation.

Relâche (port de), port où les navires peuvent s'arrêter dans le cours d'un voyage pour prendre des vivres, de l'eau, du charbon ou pour réparer leurs avaries.

Rempart, talus de terre revêtu de maçonnerie, entouré d'un fossé, garni d'artillerie et servant à protéger une ville.

Réseau de chemin de fer, ensemble des lignes qui dépendent de la même compagnie ou qui couvrent un pays : réseau du Nord, réseau de l'Est, réseau des chemins de fer français.

Richelieu, cardinal et ministre de Louis XIII, né en 1585, mort en 1642. C'est un des plus grands hommes d'État qu'ait eu la France.

Robespierre, membre de la Convention, né en 1759, mort sur l'échafaud en 1794. Ce fut l'un des chefs de la Révolution.

Romane (église), se dit des églises bâties d'après un style d'architecture en usage du cinquième au douzième siècle.

Saint-Cyr (école de), à Saint-Cyr (Seine-et-Oise), où sont formés les officiers de l'armée de terre.

Soie, fil délié et brillant produit par le *ver à soie*.— Le ver à soie est une chenille qui, avant de se transformer en papillon, sécrète de la soie et se forme un *cocon*, dans lequel elle s'enveloppe. C'est avec les fils de ce cocon, filés et apprêtés, qu'on fabrique les tissus de soie (taffetas, velours de soie, rubans). — *Soie brute*, qui est dans son premier état, avant toute main-d'œuvre.

Steppes, vastes plaines couvertes d'herbes.

Stérile (plaine), inculte, qui ne produit rien.

Sucre, substance très douce que l'on tire de la canne* à sucre ou de la betterave.

Suffrage universel, droit de voter, exercé par tous les citoyens majeurs et jouissant de leurs droits civils et politiques.

Télégraphes, fils de métal qu'on établit entre deux points du globe. Un *courant électrique*, qu'on fait naître à volonté, parcourt le fil avec la rapidité de l'éclair, arrive à destination et fait mouvoir un appareil qui transmet des mots et des phrases.

Téléphone, appareil au moyen duquel on peut transmettre la parole à de grandes distances.

Thermale (eau), eau minérale dont la température est relativement élevée.

Thiers, historien et homme d'État, né en 1797, mort en 1877, auteur de l'*Histoire du Consulat et de l'Empire*. Président de la République en 1871.

Tirage au sort, se dit de l'opération par laquelle les jeunes gens aptes au service militaire retirent d'une urne un numéro qui, suivant son élévation, indique que le conscrit passera *cinq* ans ou *un* an seulement dans l'armée active.

Toile, tissu de fil, de lin ou de chanvre.

Torpilleur, bateau long et étroit qui sert à lancer des *torpilles*. On donne le nom de *torpille* à un engin de guerre au moyen duquel on produit des explosions sous-marines.

Transcontinental, à travers un continent. — *Chemin de fer transcontinental*, chemin de fer qui traverse un continent.

Transport, grand vaisseau qui sert à transporter des troupes ou des munitions de guerre.

Varennes, chef-lieu de canton (Haute-Marne). Louis XVI y fut arrêté en 1791, au moment où il allait se réfugier à l'étranger.

Vassale (principauté), principauté qui a son administration particulière, mais qui dépend d'un État plus important et doit lui payer un tribut.

Vaucluse, village près duquel est la fontaine de Vaucluse, qui donne naissance à une petite rivière, la *Sorgue*. C'est une des plus belles sources que l'on connaisse; elle a donné son nom au département.

Vaucouleurs, chef-lieu de canton (Meuse). C'est de Vaucouleurs que Jeanne d'Arc partit en 1429 pour délivrer Orléans.

Vicinal (chemin), se dit des chemins qui établissent des communications entre les communes et dont l'entretien est à leur charge.

Vouillé, chef-lieu de canton (Vienne). En 507, Clovis y remporta une victoire sur Alaric, roi des Wisigoths.

Paris. — Imprimerie E. Capiomont et V. Renault, rue des Poitevins, 6.

CERTIFICAT D'ÉTUDES PRIMAIRES — ENSEIGNEMENT SECONDAIRE SPÉCIAL

NOUVEAU COURS DE LANGUE FRANCAISE

PAR

MM. LARIVE ET FLEURY

Programme de 1882. — Inscrit sur la liste des ouvrages fournis gratuitement par la Ville de Paris à ses Écoles communales et sur toutes les listes départementales.

COURS ÉLÉMENTAIRE (DE 7 A 9 ANS).

[illegible] préparatoire de Grammaire en gros caractères, par demandes et par réponses, avec 2[illegible] exercices. In-12, cart.

Partie du Maître, contenant en regard des pages de l'élève, 250 nouveaux devoirs enfantins. In-12, cart.

COURS MOYEN (DE 9 A 11 ANS).

[illegible] année de Grammaire. Les dix parties [illegible] cours et notions de syntaxe, avec 350 exercices [illegible]graphe, d'invention et de rédaction et un Lexique [illegible] difficiles. In-12, cart. » 75

Partie du Maître, contenant : à gauche, le [illegible] l'élève ; à droite, en regard du texte de l'élève, [illegible]mentaires, le corrigé des Exercices et 200 dictées, [illegible] cart. 1 60

Exercices français de Première année, correspondant et faisant suite à la *Première année de Grammaire*. Orthographe, Invention, Rédaction, Mots usuels. In-12, cart.

Les mêmes, **Partie du Maître**, contenant le texte du maître en regard du texte de l'élève et des dictées complémentaires. In-12, cart.

COURS SUPÉRIEUR (DE 11 A 13 ANS).

[illegible] DES ÉLÈVES QUI RECHERCHENT LE CERTIFICAT D'ÉTUDES ET DES ÉLÈVES DE L'ENSEIGNEMENT SECONDAIRE SPÉCIAL

[illegible] année de Grammaire. Révision, [illegible] Style, Littérature, Histoire littéraire, 380 Exer[illegible] orthographe et de rédaction, Lexique des mots [illegible] *Devoirs de rédaction*, donnés dans les examens [illegible] *d'Études primaires*. In-12, cart. 1 25

Partie du Maître, contenant : à gauche, le [illegible] élève ; à droite, des commentaires grammaticaux, des développements tirés de la *Méthode historique* et 90 dictées. In-12, cart.

Exercices français de Deuxième année, correspondant à la *Deuxième année de Grammaire*, [illegible] Syntaxe, Style, Lexique. In-12, cart.

Les mêmes, **Partie du Maître**, contenant le texte du maître en regard du texte de l'élève.

COURS COMPLÉMENTAIRE

[illegible] DES PENSIONNATS, DES CANDIDATS AU DIPLÔME D'ÉTUDES (ENSEIGNEMENT SPÉCIAL) ET AU BREVET DE CAPACITÉ

[illegible] année de Grammaire. Révision et [illegible] de grammaire, Formation et dérivation des [illegible] et composition, Littérature, Histoire litté[illegible] graphies et morceaux choisis), avec Exercices [illegible] Ouvrage rédigé conformément aux principes [illegible] historique. In-12 cart. 1 80

Partie du Maître, contenant le corrigé des [illegible] des dictées. In-12, cart. 3 »

[illegible] français de Troisième année, contenant : 1° un tableau de la mythologie ancienne, [illegible] traité élémentaire de logique ; 3° l'analyse des principaux chefs-d'œuvre de la littérature ancienne et moderne [illegible] exercices d'orthographe et de rédaction ; [illegible] morceaux choisis, accompagnés de questions [illegible] graphe, la signification et l'origine des mots. In-12 [illegible] *(En préparation)*.

Les mêmes, **Partie du Maître.** In-12, cart. *(En préparation)*.

Imp. E. Capiomont et V. Renault, rue des Poitevins, 6.

www.ingramcontent.com/pod-product-compliance
Ingram Content Group UK Ltd.
Pitfield, Milton Keynes, MK11 3LW, UK
UKHW012259240726
13966UKWH00004B/1508

9 782013 027557